Christian Ofner

Schwarzbrot vom Ofner

**Backen wie der Profi
Band 2**

Vollkorn- und Urgetreidebrote
sowie Spezialbrote und Klassiker

Leopold Stocker Verlag
Graz – Stuttgart

Alle Fotos: Kurt Elmleitner (www.kurt-elmleitner.at)
Außer: S. 12 (Archiv Stocker Verlag)

Der Inhalt dieses Buches wurde vom Autor und vom Verlag nach bestem Gewissen geprüft, eine Garantie kann jedoch nicht übernommen werden. Die juristische Haftung ist ausgeschlossen.

AUF WUNSCH SENDEN WIR IHNEN GERNE KOSTENLOS UNSER VERLAGSVERZEICHNIS ZU:
Leopold Stocker Verlag GmbH
Hofgasse 5
Postfach 438
A-8011 Graz
Tel. +43 (0)316/821636
Fax. +43 (0)316/835612
E-Mail: stocker-verlag@stocker-verlag.com
www.stocker-verlag.com

BIBLIOGRAPHISCHE INFORMATION DER DEUTSCHEN NATIONALBIBLIOTHEK
Die Deutsche Nationalbibliothek verzeichnet diese Publikation in der Deutschen Nationalbibliographie; detaillierte bibliographische Daten sind im Internet über http://dnb.d-nb.de abrufbar.

Hinweis: Dieses Buch wurde auf chlorfrei gebleichtem Papier gedruckt. Die zum Schutz vor Verschmutzung verwendete Einschweißfolie ist aus Polyethylen chlor- und schwefelfrei hergestellt.
Diese umweltfreundliche Folie verhält sich grundwasserneutral, ist voll recyclingfähig und verbrennt in Müllverbrennungsanlagen völlig ungiftig.

ISBN 978-3-7020-1420-9

Alle Rechte der Verbreitung, auch durch Film, Funk und Fernsehen, fotomechanische Wiedergabe, Tonträger jeder Art, auszugsweisen Nachdruck oder Einspeicherung und Rückgewinnung in Datenverarbeitungsanlagen aller Art, sind vorbehalten.

© Copyright: Leopold Stocker Verlag, Graz, 4. Auflage 2018

Umschlaggestaltung, Layout und Repro:
Werbeagentur Rypka GmbH, A-8143 Dobl/Graz, Unterberg 58-60, www.rypka.at
Druck: Finidr, s.r.o., Český Těšín

---

5 Vorwort
6 Danksagung

7 Einleitung
Allgemeine Informationen zum Thema Backen

8 Verwendete Mehlsorten & Mehltypen
12 Weitere Backzutaten
14 Selbst gemachter Sauerteig
17 Die wichtigsten Helfer & Handgriffe bei der Herstellung von Brot
18 Nützliche Helfer beim Backen von Brot
20 Wichtige Handgriffe
22 Schritt für Schritt zum eigenen Brot
24 Rund gewirktes Brot
26 Herstellung von Weckenbrot
28 Herstellung von Kastenbrot
29 Weitere Brotsorten: Doppelwecken
30 Brotring, rechteckiges Brot, Wurz'n-Brot
31 Glatter Laib, Kreuzschnitt, Seitlicher Krustenschnitt
32 Ab in den Ofen ...
35 Zu guter Letzt ...

Inhaltsverzeichnis

37 Kapitel 1
Traditionelle Brote & Klassiker

- 38 Bio-Anislaib
- 40 Bio-Bauernbrot
- 42 Halbweißer Bio-Wecken
- 44 Steirisches Bio-Landbrot
- 46 Bio-Walnussbrot
- 48 Bio-Jägerstollen
- 50 Steirisches Bio-Kürbiskernbrot
- 52 Bio-Buttermilchbrot
- 54 Bio-Roggenbrot 100 %
- 56 Bio-Sonnenblumenbrot
- 58 Bio-Kümmelwurz'n
- 60 Bio-Leinsamenbrot
- 62 Bio-Gewürzbrot
- 64 Bio-Heimatbrot
- 66 Bio-Bergbauernbrot
- 68 Bio-Vorschussbrot
- 70 Bio-Kraftbrot
- 72 Bio-Hausbrot
- 74 Ofners Bio-Doppellaib

77 Kapitel 2
Bio-Vollkornbrote & Bio-Schrotbrote

- 78 Bio-Einkorn-Dinkel-Kraftbrot
- 80 Bio-Roggenschrotbrot
- 82 Bio-Grahambrot
- 84 Bio-Dinkel-Braunhirse-Vollkornbrot
- 86 Bio-Roggenvollkornbrot 100 %
- 88 Bio-Roggen-Dinkel-Vollkornbrot

91 Kapitel 3
Bio-Urgetreidebrote

- 92 Bio-Dinkel-Buchweizen-Brot
- 94 Bio-Urgetreidebrot
- 96 Bio-PurPurweizen-Dinkel-Mohn-Brot
- 98 Bio-Kamutweizen-Naturbrot
- 100 Bio-Kamutweizen-Gewürzkastenbrot
- 102 Bio-PurPurweizen-Dinkel-Parmesan-Brot
- 104 Bio-Einkorn-Roggen-Brot

107 Kapitel 4
Spezialbrote

- 108 Bio-Zwiebelbrot
- 110 Bio-Käsefladen
- 112 Bio-Knoblauch-Sesam-Brot
- 114 Bio-Karotten-Walnuss-Brot
- 116 Bio-Dinkel-Schnittlauch-Brot
- 118 Bio-Tomaten-Rosmarin-Brot
- 120 Bio-Dinkel-Gartenbrot
- 122 Bio-Leberkäsebrot
- 124 Bio-Grammelbrot
- 126 Bio-Thymian-Kraftbrot
- 128 Bio-Lavendel-Honig-Krustenbrot
- 130 Bio-Partybrot
- 132 Bio-Kartoffel-Rosmarin-Brot
- 134 Bio-Haselnuss-Brotmuffins
- 136 Bio-Apfelbrot
- 138 Bio-Steckerlbrot
- 140 Gegrilltes Bio-Brot
- 142 Bio-Krenbrot

Vorwort

Nach meinem ersten Backbuch „Kleingebäck vom Ofner" darf ich Ihnen nun mein zweites Werk zum Thema Schwarzbrot präsentieren.

Es hat mir großen Spaß gemacht, dieses Buch zu schreiben: Hier kann ich zeigen, dass man mit wenigen einfachen Zutaten herrliche Brotsorten zu Hause backen kann. Brot ist ein Grundnahrungsmittel, und die Kunst des Brotbackens sollte niemals verloren gehen.

Sie finden in meinem Backbuch zahlreiche Tipps und Tricks, um Ihr eigenes Brot herstellen zu können. Die Rezepte sind so gestaltet, dass Sie ohne großen Aufwand und mit wenigen Handgriffen rasch und einfach ein schmackhaftes Brot backen können. Ich habe versucht, eine große Vielfalt zu präsentieren: Es gibt eine unglaubliche Auswahl an Brot und Gebäck!

Und es gibt auch noch die guten Bäcker im Lande, die in aller Früh in ihren Backstuben köstliches Brot backen. Der Beruf des Bäckers ist ein wunderbarer Beruf, der nicht aussterben darf. Sofern Sie einen dieser Bäcker in der Nähe haben, kaufen Sie dort Brot und Gebäck. Achten Sie beim Brotkauf auf die Liste und die Herkunft der Zutaten und hinterfragen Sie sie auch. Und denken Sie auch daran, dass letztendlich der Konsument entscheidet, ob es wirklich notwendig ist, auch zu späterer Stunde volle Regale beim Bäcker vorzufinden. Wir leben im Überfluss, es landen bei uns täglich Tonnen von Brot im Müll – zugleich haben andere Menschen auf der Welt nichts zu essen!

Als Alternative zum Kauf beim Bäcker haben Sie nun auch die Möglichkeit, 50 Rezepte aus meinem Buch nachzubacken!

Setzen Sie sich bewusst mit dem Thema Brot auseinander. Setzen Sie Ihren eigenen Natursauerteig an und erleben Sie das Backen Ihres eigenen Brotes! Erzählen Sie Ihren Freunden und Bekannten vom selbst gebackenen Brot. Bringen Sie zu Festen oder Geburtstagen ein Brotpräsent mit. Backen Sie gemeinsam mit Ihren Kindern oder Freunden.

Je öfter Sie backen, umso mehr Erfahrungen werden Sie sammeln. Probieren Sie eigene Rezeptkreationen aus. Experimentieren Sie mit verschiedenen Mehlsorten, Gewürzen und Saaten. Backen Sie verschiedene Brotformen. Brotbacken ist so vielseitig, es wartet nur darauf, von Ihnen entdeckt zu werden. So werden Sie viel Freude damit haben!

„Backen" Sie es an, und nehmen Sie in Zukunft Ihr Brot selbst in die Hand!
Ihr

Christian Ofner

Danksagung

Großer Dank gilt meiner lieben Frau Michaela, die mir in der Zeit des Backens und Schreibens der Rezepte stets den Rücken freigehalten hat; so konnte ich mich voll und ganz auf das neue Buch konzentrieren.

Auch bei meinem zweiten Buchprojekt ist mir mein Freund Kurt Elmleitner mit seiner Kamera und seinem Rat zur Seite gestanden. Herzlichen Dank dafür!

Bedanken möchte ich mich auch bei meinen Schwiegereltern Grete und Leo sowie meinen Freunden Corina und Thomas, die in aufopfernder Art bereit waren, das gebackene Brot zu verkosten.

Ihnen, liebe Leserinnen und Leser, danke ich schon im Voraus für Ihr Feedback zu Ihren Backergebnissen! Ich freue mich auf Ihre Zuschriften unter: office@derbackprofi.at

Werfen Sie einen Blick auf meine Website: Hier finden Sie zahlreiche Lernvideos und weitere Rezepte sowie alle Termine zu den Brotbackkursen in Österreich und Deutschland: www.derbackprofi.at

Frisch aus dem Ofen, direkt vor die Linse ...

Einleitung

Allgemeine Informationen zum Thema Backen

Für das Backen von Brot braucht man nur wenige einfache Zutaten. Beim Backen zu Hause sollte man auf regionale, biologische Mehlsorten mit Herkunftsnachweis achten, die auch bereits vermehrt im Handel angeboten werden.

Viele heimische Bauern und Mühlen bieten in eigenen Hofläden qualitativ hochwertige Produkte an. Einige verwendete Spezialmehlsorten können Sie allerdings nur beim Müller direkt oder in Bio-Läden und Reformhäusern kaufen.

Sie haben aber auch die Möglichkeit, über meinen Online-Shop Getreide, Mehle und Schrote in Bio-Qualität zu beziehen: www.derbackprofi-shop.at

Die Eigenschaften von Mehl sind von vielen Faktoren abhängig. So kann sich z. B. die Wasseraufnahme des Mehles immer wieder minimal verändern. Um sicher zu gehen, geben Sie zuerst nur 90 % der im Rezept angegebenen Wassermenge zum Teig und beobachten diesen beim Kneten. Sollte der Teig zu fest sein, einfach das restliche Wasser beimengen bzw. noch etwas zusätzliches Wasser nachschütten.

Ist einmal zu viel Wasser im Teig, ist davon abzuraten, Mehl nachzugeben. Die übrigen angegebenen Zutaten richten sich immer nach der Mehlmenge. Geben Sie also z. B. viel Mehl nach, hat dies negative Auswirkungen auf Geschmack und Aroma (z. B. beim Salz oder den Gewürzen). Ist der Teig also wirklich einmal zu weich geworden, geben Sie ihn in eine Kastenform. Machen Sie sich bei diesem Rezept eine Notiz, damit Sie beim nächsten Backen gleich etwas weniger Wasser verwenden. Grundsätzlich sollten Brotteige aber immer weich geknetet werden.

Austausch von Weizen- gegen Dinkelmehl
Gerne können Sie nach Belieben Weizenmehl gegen Dinkelmehl 1:1 auswechseln. Bei der Verwendung von Vollkornmehlen ist eine um ca. 5 % höhere Wasserzugabe erforderlich.

Tipp
Lagern Sie Mehl kühl (unter 20 °C)! Je heller das Mehl, desto länger ist es haltbar. Vollkornmehle sollten immer frisch verwendet werden.

Auszugs- und Vollkornmehle
Bei Mehlen, bei denen eine Typenanzahl angegeben ist, handelt es sich immer um Auszugsmehle – also ohne den gesunden Getreidekeimling. Die Typenzahl gibt den Mineralstoffgehalt in Milligramm an. Je höher die Typenzahl, desto gehalt- und qualitätsvoller ist das Mehl. Das gilt sowohl für Bio-Mehle als auch für konventionelle Mehle.

Bei Vollkornmehlen wird immer das ganze Getreidekorn – inklusive Randschichten und Keimling – vermahlen. Dadurch hat Vollkornmehl einen viel höheren Mehrwert im Vergleich zu Auszugsmehlen. Vollkornmehle sind allerdings nicht so lange haltbar. Wenn möglich, sollte das Getreide frisch vermahlen werden. So bleiben alle wertvollen Inhaltsstoffe des Getreidekorns erhalten. Es ist empfehlenswert, Vollkornmehle bis zu 50 % mit Auszugsmehlen zu mischen. Dadurch wird das Brot lockerer, geht besser auf und ist besser verträglich.

Einleitung

1 Bio-Weizenmehl Type 480 Universal (Type 405 in D)

Das typische Haushaltsmehl zur Herstellung von Hefeteigen, aber auch Baguettes oder Ciabatta. Es eignet sich aber auch gut zur Herstellung von Brot. Wird es mit Roggenmehl gemischt, kann man damit alle Rezepte in diesem Buch nachbacken. Durch den niedrigen Ausmahlungsgrad des Mehles wird das Brot aber nicht so dunkel, wie man es vom Bäcker gewohnt ist.

2 Bio-Weizenmehl Type 1600 (Type 1050 in D)

Dieses Weizenmehl ist noch wenig bekannt, doch man kann damit wunderbares Brot backen! Viele heimische Bäcker verwenden dieses dunkle Weizenmehl zur Herstellung von Brot und Gebäck. Durch den niedrigen Ausmahlungsgrad wird das Brot saftiger und bekommt mehr Geschmack; die Krume wird deutlich dunkler als mit herkömmlichem Weizenmehl. Auch bleibt das Brot länger haltbar.

3 Bio-Weizengrahamschrot (Weizenbackschrot Type 1700 in D)

Grober Weizenvollkornschrot, der zur Herstellung von Grahambrot verwendet wird.

4 Bio-Buchweizenmehl

Buchweizen enthält viel wertvolles Eiweiß. Eine Zugabe von 10 % der Gesamtmehlmenge gibt Ihrem Brot einen unverwechselbaren Geschmack.

5 Bio-Roggenmehl Type 500 (Vorschussmehl bzw. Weißroggen; Type 815 in D)

Für die Herstellung von Bio-Vorschussbrot wird dieses Mehl verwendet. Das Spezialmehl wird nach dem ersten Schroten des Roggenkorns ausgesiebt, fällt also als erstes Mehl an – daher die Bezeichnung. Dieses Mehl hat einen sehr niedrigen Mineralstoffgehalt.

6 Bio-Roggenmehl Type 960 (Type 997 in D)

Das klassische Roggenmehl wird zum Backen von Brot oder dunklen Gebäcksorten verwendet. Die Zugabe von Sauerteig ist hier aber immer erforderlich, da Roggen alleine nicht backfähig ist und versäuert werden muss.

7 Bio-Roggenmehl Type 2500 (Schwarzroggen)

Dieses Mehl verwende ich zwar nicht bei meinen Rezepten im Buch, sollten Sie dennoch die Möglichkeit haben, es zu erwerben, ist eine Zugabe von 10 % der Gesamtroggenmehlmenge auf jeden Fall von Vorteil. Das Brot wird dadurch dunkler und saftiger, es bekommt ein sehr gutes Aroma.

8 Bio-Roggenvollkornmehl

Dieses Mehl wird in den Rezepten immer fein vermahlen verwendet.

9a / 9b Bio-Roggenvollkornschrot grob und fein (Roggenbackschrot Type 1800 in D)

Für die Herstellung von Bio-Schrotbrot verwendet man geschroteten Bio-Roggen. Er besteht aus dem ganzen Getreidekorn. Man kann ihn auch mit einer Getreidemühle selbst herstellen. Ist der Schrot sehr grob, ist es von Vorteil, diesen als Quellstück im gleichen Mengenverhältnis mit warmem Wasser für mindestens drei Stunden quellen zu lassen.

10 Bio-Dinkelmehl Type 700 glatt (Type 630 in D)

Dieses Mehl kann statt Weizenmehl in den Rezepten verwendet werden. Vor allem für Weizenallergiker ist das eine gute Alternative.

11 Bio-Dinkelvollkornmehl

Das klassische Bio-Dinkelvollkornmehl wird in den Rezepten immer fein vermahlen verwendet.

Die folgenden Mehlsorten sowie Buchweizenmehl sind im Handel kaum erhältlich; die Getreidearten werden in manchen Hofläden oder in Bio-Läden und Reformhäusern angeboten und sollten stets erst vor der Verwendung frisch gemahlen werden.

12 Bio-Braunhirsevollkornmehl
Braunhirse ist eine der ältesten Kulturpflanzen und das mineralstoffreichste Getreide der Erde. Sie enthält kein Gluten, dafür sehr viel Kieselsäure, Eisen und Fluor sowie Natrium, Magnesium, Schwefel, Phosphor, Kalium und Zink.

13 Bio-Einkornvollkornmehl
Einkorn ist eine der ältesten Getreidearten der Welt. Besonders gut eignet sich das Mehl zur Herstellung von Brot und Gebäck. Es verleiht den Produkten eine charakteristische goldgelbe Färbung und ein einzigartiges nussiges Aroma.

14 Bio-Kamutweizenvollkornmehl
Kamutweizen ist ein altes, züchterisch nicht manipuliertes Getreide mit einem hohen Eiweißgehalt. Dieses Urgetreide enthält besonders viel Selen, ein wichtiges Spurenelement. Das Mehl ist leicht gelblich und weist einen herzhaften Geschmack auf.

15 Bio-PurPurweizenvollkornmehl
PurPurweizen verleiht Produkten eine kräftigwürzige Note mit einem Hauch von Nuss am Gaumen. Seine Backeigenschaften sind jenen von herkömmlichem Weizen ähnlich, deshalb ist das PurPurweizenmehl auch für alle Rezepte mit Weizenmehlen verwendbar.

Mehltypen nach DIN 10355

ÖSTERREICH	DEUTSCHLAND	BACKEIGENSCHAFTEN

Typenzahlen

Die Typenzahlen sind in Österreich und Deutschland unterschiedlich; bei der Verwendung von deutschen Mehlen sollten Sie die Rezeptur ganz genau beibehalten und nur die Mehle 1:1 austauschen. Den bei den Rezepten angegebenen österreichischen Mehlen entsprechen in Deutschland folgende Typen:

ÖSTERREICH	DEUTSCHLAND	BACKEIGENSCHAFTEN
WEIZENMEHL		
Type W480 Universal	Type 405	bevorzugtes Haushaltsmehl, gute Backeigenschaften
Type W700	Type 550	backstark für feinporige Teige und als Vielzweckmehl verwendbar
Type W1600	Type 1050	für Mischbrote oder Backwaren im Haushalt
Weizenvollkornschrot bzw. Weizengrahamschrot	Weizenbackschrot Type 1700	ohne Keimling
ROGGENMEHL		
Type R500 („Vorschuss")	Type 815	wird nur selten verwendet, meist in Süddeutschland und Österreich für helle Roggenbrote
Type R960	Type 1150	für Mischbrote, regional unterschiedlich verbreitet
Roggenvollkornschrot	Roggenbackschrot	aus dem ganzen Korn
Type R2500 („Schwarzroggen")	in Deutschland schwer erhältlich	wird nur anteilsmäßig unter das übrige Mehl gemischt (10 % der gesamten Roggenmehlmenge)
DINKELMEHL		
Type 700 glatt	Type 630	entspricht Weizenmehl Type W480 (bzw. 405)

Weitere Backzutaten

Gewürze

Die klassischen Brotgewürze in Österreich sind Anis, Kümmel, Fenchel und Koriander. Diese werden ganz oder vermahlen verwendet. Wenn man Gewürze frisch vermahlt und dem Teig beimengt, entsteht ein überaus aromatischer Geschmack. Doch auch die Verwendung von fertigen Brotgewürzmischungen stellt eine gute Alternative da. Experimentieren Sie ruhig ein wenig: Kreieren Sie Ihre eigene Gewürzmischung nach Ihren Geschmacksvorlieben!

Kräuter

Auch frische Kräuter aus dem eigenen Garten eignen sich wunderbar zum Backen von Brot. Egal ob Thymian, Rosmarin, Basilikum oder Lavendel, diese wohlschmeckenden Kräuter verleihen Ihrem Brot einen unverwechselbaren Geschmack.

Saaten

Sie können natürlich jedem Brotteig Ihre Lieblingssaaten beimengen. Egal ob Sesam, Leinsamen, verschiedene Kerne oder getrocknete Früchte – Ihrer Kreativität sind nahezu keine Grenzen gesetzt!

Gerstenmalzmehl, Brotgewürz und Sauerteig

In meinen Rezepten werden Sie drei spezielle Backzutaten finden, die immer wieder zum Einsatz kommen:
- Backprofis Bio-Gerstenmalzmehl
- Backprofis Bio-Brotgewürz
- Backprofis Bio-Roggenvollkornsauerteig

All diese Zutaten (sowie die Mehle) können Sie ganz einfach über meinen Online-Shop bestellen (www.derbackprofi-shop.at) oder Sie bestellen mit der dem Buch beigelegten Bestellkarte (versandkostenfrei in Österreich).

Backprofis Bio-Gerstenmalzmehl

Hierbei handelt es sich um ein reines Gerstenmalzmehl. Dieses Malz wird aus gemälzter Gerste hergestellt, die aus biologischem Anbau stammt. Zur Herstellung von Backprofis Bio-Gerstenmalzmehl wird das Gerstenmalz schonend vermahlen. Bei der Malzherstellung wird die Gerste zum Keimen gebracht und anschließend wieder getrocknet.

Tipp vom Backprofi

Ich verwende das Malz in allen Rezepten, da es wunderbare Backeigenschaften hat.

Die Vorteile beim Backen von Brot mit Backprofis Bio-Gerstenmalzmehl sind:
- mehr Volumen
- schönere Färbung des Brotes
- besserer Geschmack der Krume und Kruste
- mehr Rösche (Brot wird knuspriger)

Der Einsatz von Backprofis Bio-Gerstenmalzmehl ist nicht zwingend erforderlich, aber durch die Zugabe wird das Brot qualitativ hochwertiger, schmeckt besser und bekommt eine knusprige Kruste! Die Zugabemenge beträgt bei Brot etwa 1 % auf die Mehlmenge.

Tipp vom Backprofi

Alternativ können Sie auch Honig, Zucker oder Rübensirup verwenden.

Backprofis Bio-Brotgewürz

Durch die Zugabe von Backprofis Bio-Brotgewürz bekommt Ihr Brot einen unverwechselbaren, einzigartigen, aromatischen Geschmack. Diese Gewürzmischung ist fein vermahlen und besteht aus Bio-Kümmel, Bio-Fenchel und Bio-Koriander.

Tipp vom Backprofi

Natürlich können Sie die angegebenen Gewürze oder auch andere Gewürze einzeln bzw. nach eigenem Geschmack gemischt verwenden.

Backprofis Bio-Roggenvollkornsauerteig

Backen mit Sauerteig ist mit Aufwand verbunden – und es können viele Fehlerquellen auftauchen. Daher habe ich einen getrockneten Bio-Roggenvollkornsauerteig entwickelt. Dieser wird nach seiner natürlichen Reifung schonend getrocknet. Man gibt den getrockneten Sauerteig direkt zum Mehl; es ist kein Ansetzen oder Anrühren des Sauerteiges mehr nötig. Der Bio-Roggenvollkornsauerteig versäuert den Teig auf natürliche Weise. Dadurch entsteht im Brot eine aromatische Säure, das Brot hat eine sehr gute Schnittfestigkeit und hält sich lange frisch.

Tipp vom Backprofi

So einfach: kein Ansetzen, kein Anrühren, sofort verfügbar – ohne großen Aufwand!

Bei meinen Rezepten verwende ich stets meinen getrockneten Bio-Roggenvollkornsauerteig. Dieser hat den Vorteil, dass man ganz einfach und bequem zu jeder Zeit Brot backen kann – ohne jeglichen Mehraufwand.
Im Folgenden möchte ich Ihnen aber auch genaue Herstellungs- und Verarbeitungstipps für einen Natursauerteig geben. Danach gebe ich Beispiele, wie man den in den Rezepten angegebenen Backprofis Bio-Roggenvollkornsauerteig durch Natursauerteig ersetzen kann, so dass Sie alle Rezepte auch mit hausgemachtem Natursauerteig nachbacken können. So können Sie selbst einfach und bequem Sauerteig züchten und herrliches Brot damit backen. Auf die Zugabe von Hefe können Sie dann gänzlich verzichten.

Einleitung

Selbst gemachter Sauerteig

Sauerteig besteht in der Regel nur aus Roggen-/Roggenvollkornmehl und Wasser. Sauerteig sorgt für die Lockerung und Säuerung von Brotteigen sowie für eine Verbesserung der Backfähigkeit und des Geschmackes. Roggenbrote ohne Sauerteig wären nicht backfähig. So kann man aber auch aus Weizen- oder Dinkelmehl Sauerteig herstellen. Vor allem bei Weißbrot hat ein Sauerteig positive Auswirkung auf Frische und Geschmack.

In meinem Backbuch verwende ich bei den Rezepten stets meinen getrockneten Bio-Roggenvollkornsauerteig. Dieser hat den Vorteil, dass Sie ganz einfach und bequem zu jeder Zeit Brot backen können – ohne jeglichen Mehraufwand. Ich möchte Ihnen aber auch eine genaue Anleitung für einen Natursauerteig im Detail erklären – mit allen Herstellungs- und Verarbeitungstipps. Außerdem erkläre ich Ihnen die Umrechnung von meinem getrockneten Bio-Roggenvollkornsauerteig zum Natursauerteig, sodass Sie alle Rezepte auch mit hausgemachtem Natursauerteig nachbacken und zu Hause einfach und bequem herrliches Brot backen können. Außerdem können Sie dann auf die Zugabe von Hefe gänzlich verzichten.

Wenn Sie zum ersten Mal einen Sauerteig ansetzen, braucht es in der Regel vier Tage, bis Sie einen reifen Sauerteig zur Verfügung haben. Ist dieser einmal hergestellt, dauert es in Zukunft lediglich 12 Stunden bis zur Weiterverarbeitung. Je öfter Sie Ihren Sauerteig weiterzüchten, umso geschmackvoller wird er.

So wird Natursauerteig gemacht

TAG 1: 100 g Roggenmehl Type 960 (oder Roggenvollkornmehl) und 100 g Wasser (36 °C) in eine Rührschüssel geben. Mit einer Gabel zu einem Brei verrühren.

TAG 1: Anschließend frische Zwiebelscheiben auf den Sauerteig legen. Mit einer Frischhaltefolie, einem passenden Deckel oder einem Geschirrtuch zudecken und 24 Stunden bei Raumtemperatur gehen lassen.

TAG 2: Zwiebelscheiben entfernen. Weitere 100 g Roggenmehl Type 960 (oder Roggenvollkornmehl) und 100 g Wasser (36 °C) dazugeben, verrühren und 24 Stunden zugedeckt bei Raumtemperatur gehen lassen.

TAG 3: Am dritten Tag sollte der Sauerteigansatz bereits schön gereift sein: Kleine Gärbläschen sollten an der Oberfläche zu sehen sein.

TAG 3: Nochmals 100 g Roggenmehl Type 960 (oder Roggenvollkornmehl) und 100 g Wasser (36 °C) zum Ansatz geben. Wieder verrühren und 12 Stunden reifen lassen.

TAG 4: Der Natursauerteig ist nun fertig und kann zum Backen verwendet werden.

Mit dieser Anleitung haben Sie 600 g reifen Natursauerteig zur Verfügung. Dieser besteht aus 300 g Roggenmehl und 300 g Wasser. Der gesamte Sauerteig setzt sich also aus 50 % Roggenmehl und 50 % Wasser zusammen. Diese Angabe ist für die spätere Umrechnung von Natursauerteig auf meinen Bio-Trockensauerteig wichtig (siehe S. 16).

Aufbewahren

Haben Sie keine Zeit, den Sauerteig sofort zu verwenden, kann dieser konserviert werden. Geben Sie hierfür 2 % Salz dazu, von der Mehlmenge berechnet. In diesem Fall wären das dann 6 g Salz. Heben Sie das Salz einfach unter den Sauerteig, verrühren Sie es etwas und stellen Sie den Sauerteig in einem großen Glas zugedeckt in den Kühlschrank. So ist er ca. 14 Tage lang haltbar. Konservierter Natursauerteig ist jederzeit verwendbar – ohne zusätzlichen Aufwand. Denken Sie nur daran, den Natursauerteig einige Stunden vor Verwendung aus dem Kühlschrank zu nehmen, damit er Raumtemperatur annehmen kann.

Vermehren

Möchten Sie Ihren Natursauerteig wieder weiterzüchten bzw. vermehren, geht das relativ unkompliziert.

100 g	reifer Natursauerteig (Anstellgut)
200 g	Roggenmehl Type 960
200 g	Wasser (36 °C)

Alle Komponenten in eine Rührschüssel geben, mit einer Gabel gut verrühren und 12 Stunden bei Raumtemperatur zugedeckt rasten lassen. So haben Sie nach 12 Stunden wieder 500 g Natursauerteig zur Verfügung. Wird dieser nicht sofort verwendet, wieder mit 2 % Salz konservieren (von Anstellgut und Mehlmenge = 2 g) und in den Kühlschrank geben. Benötigen Sie einmal eine größere Menge an Natursauerteig, dann einfach die Mengen dementsprechend erhöhen.

Natursauerteig über längere Zeit haltbar machen

Wer Natursauerteig über mehrere Wochen aufbewahren möchte, hat mehrere Möglichkeiten:

Verkrümeln (Gerstl)

Geben Sie so lange Roggenmehl zum reifen Natursauerteig (Anstellgut), bis sich krümelige Brocken bilden. Diese Krümel vollständig trocknen lassen (z. B. auf einem mit Backpapier ausgelegten Backblech). Anschließend in einen Behälter geben und kühl lagern (z. B. Kühlschrank). Der Sauerteig ist somit bis zu einem Jahr haltbar. Möchte man dieses Anstellgut wieder aktivieren, einfach mit handwarmem Wasser in einer Schüssel anrühren und wie oben beschrieben weiterverarbeiten.

Trocknen

Streichen Sie den reifen Sauerteig (Anstellgut) auf ein Backpapier und lassen Sie ihn vollständig trocknen. Dies kann auch ohne Weiteres bei 40 °C im Backofen geschehen. Diesen getrockneten Sauerteig können Sie nun reiben oder vermahlen. Er ist auch mindestens ein Jahr problemlos haltbar.

Einfrieren

Selbstverständlich können Sie Sauerteig auch in einen Gefrierbeutel geben und einfrieren. Bitte beachten Sie allerdings, dass dieser wieder schonend (bei Raumtemperatur) auftauen muss. Nach der Auftauphase ganz normal wieder weiterzüchten.

Natursauerteig hat eine braun-gräuliche Farbe. Sollte Ihr Natursauerteig einmal die Farbe wechseln (grün, bläulich) und stechend nach Essig riechen, sollte er auf jeden Fall entsorgt werden.
Ist der Sauerteig noch ganz jung, also ganz frisch angesetzt, ist es auf jeden Fall von Vorteil, beim ersten und zweiten Backeinsatz dem Brotteig etwas Hefe beizugeben. Empfehlenswert sind 2 %, von der Mehlmenge berechnet. Durch ständiges Weiterzüchten des Sauerteiges kann dann aber in Zukunft auf die Zugabe von Hefe verzichtet werden. Je öfters Ihr Natursauerteig aufgefrischt und weitergezüchtet wird, umso besser wird er.

Wichtig

Die zweite Gehzeit, also bevor das Brot in den Backofen kommt, ist bei der Zubereitung des Brotteiges mit Natursauerteig um einiges länger als beim Backen mit Hefe. Im Schnitt sollte diese etwa 60–90 Minuten betragen!

Umrechnung von Backprofis Bio-Roggenvollkornsauerteig auf Natursauerteig

Anhand eines kleinen Rechenbeispiels zeige ich im Folgenden die Umrechnung meiner Rezepte bei der Verwendung von Natursauerteig.

Bio-Bauernbrot mit Backprofis Bio-Roggenvollkornsauerteig

465 g	Wasser (32 °C)
33 g	Backprofis Bio-Roggenvollkornsauerteig
1 Pkg.	Trockenhefe oder ½ Würfel frische Hefe
417 g	Bio-Roggenmehl Type 960
179 g	Bio-Weizenmehl Type 480 Universal oder Type 1600
12 g	Salz
6 g	Backprofis Bio-Gerstenmalzmehl
3 g	Bio-Fenchelsamen (ganz)

Im Rezept sind 417 g Bio-Roggenmehl enthalten. Der Sauerteiganteil soll immer 40 % der Roggenmehlmenge betragen: 40 % von 417 g = 166,8 g, also runden wir auf 167 g auf. Den Anteil vom Roggenmehl am Sauerteig (50 % = 83,5 g) ziehen wir von der Roggenmehlmenge im Rezept ab: 417 g − 83,5 g = 333,5 g Roggenmehl
Die 167 g Sauerteig geben wir als Natursauerteig zu unserem Rezept. Jetzt muss man aber bedenken, dass unser Natursauerteig aus Mehl und Wasser besteht. Daher müssen wir auch berechnen, wie viel Wasser im Natursauerteig enthalten ist, denn diese Menge muss man in weiterer Folge bei der Wasserzugabe des Hauptteiges abziehen, sonst wäre der Brotteig viel zu weich. Wir wissen mittlerweile, dass unser Natursauerteig aus 50 % Wasser besteht. Das heißt, 167 g Natursauerteig enthalten 83,5 g Wasser. Diese Wassermenge müssen wir beim Rezept reduzieren!

Also sieht unser Rezept mit Natursauerteig wie folgt aus:

382 g	Wasser (32 °C)
167 g	Natursauerteig
334 g	Bio-Roggenmehl Type 960
179 g	Bio-Weizenmehl Type 480 Universal oder Type 1600
12 g	Salz
6 g	Backprofis Bio-Gerstenmalzmehl
3 g	Bio-Fenchelsamen
ergibt 1083 g Brotteig	

Um genau 1 kg Brot zu bekommen, benötigen wir ca. 1150 g Teig, denn durch den Gär- und Backverlust verlieren wir ca. 12–15 % an Gewicht. Nun müssen wir das Rezept noch einmal berechnen.

1150 g Teig ist unser gewünschtes Teiggewicht. Ich dividiere das gewünschte durch das tatsächliche Rezeptgewicht von 1083 g. Das Ergebnis ist die sogenannte Schlüsselzahl, in diesem Fall 1,06. Jetzt muss ich alle angegebenen Zutaten mit dieser Schlüsselzahl multiplizieren. So kommen wir auf folgende Ergebnisse (gerundet):

Bio-Bauernbrot mit Natursauerteig

405 g	Wasser
177 g	Natursauerteig
354 g	Bio-Roggenmehl Type 960
190 g	Bio-Weizenmehl Type 480 Universal oder Type 1600
13 g	Salz
7 g	Backprofis Bio-Gerstenmalzmehl
3 g	Bio-Fenchelsamen (ganz)
ergibt 1149 g Brotteig	

Zur Sicherheit folgt noch ein zweites Rezept zum Umrechnen.

Bio-Jägerstollen

450 g	Wasser (32 °C)
42 g	Backprofis Bio-Roggenvollkornsauerteig
1 Pkg.	Trockenhefe oder ½ Würfel frische Hefe
528 g	Bio-Roggenmehl Type 960
59 g	Bio-Dinkelmehl Type 700 glatt
12 g	Salz
6 g	Backprofis Bio-Gerstenmalzmehl
18 g	Bio-Schweineschmalz

40 % von 528 g Bio-Roggenmehl = 211 g (besteht aus je 105 g Wasser bzw. Roggenmehl)

345 g	Wasser (32 °C)
211 g	Natursauerteig
423 g	Bio-Roggenmehl Type 960
59 g	Bio-Dinkelmehl Type 700 glatt
12 g	Salz
6 g	Backprofis Bio-Gerstenmalzmehl
18 g	Bio-Schweineschmalz
ergibt 1074 g Brotteig	

Umrechnung mit der Schlüsselzahl: gewünschtes Teiggewicht/Rezeptgewicht = Schlüsselzahl = 1,07

Bio-Jägerstollen mit Natursauerteig

369 g	Wasser (32 °C)
226 g	Natursauerteig
452 g	Bio-Roggenmehl Type 960
63 g	Bio-Dinkelmehl Type 700 glatt
14 g	Salz
7 g	Backprofis Bio-Gerstenmalzmehl
19 g	Bio-Schweineschmalz
ergibt 1149 g Brotteig	

Die wichtigsten Helfer & Handgriffe
bei der Herstellung von Brot

Nützliche Helfer beim Backen von Brot

Diese nützlichen Helfer gehören beim Backen von Brot einfach in jede Küche! All diese Produkte können Sie in meinem Online-Shop bestellen: www.derbackprofi-shop.at

1 Backstein/Pizzastein
Durch die Verwendung eines Backsteines können Sie ein perfektes Backergebnis erzielen. Den Backstein immer gut vorheizen und das Brot dann direkt auf den Stein legen. Dadurch entsteht beim Backen eine dicke, schmackhafte Kruste und ein ähnlich gutes Backergebnis wie in einem Holzofen!

2 Gärkorb
Um zu Hause ein Brot zu backen wie ein Profi-Bäcker, ist ein Gärkorb (rund oder länglich) ein perfektes Backutensil. Gärkörbe aus Peddigrohr lassen den Brotteig gut gehen und eine traditionelle Brotform mit den feinen Rillen als Oberflächenmuster entstehen – wie beim Bäcker! Gärkörbe gibt es in verschiedenen Größen, Formen und Materialien.

3 Teigkarte bzw. Teigspachtel
Egal ob beim Ausputzen (Ausscheren) des Teiges aus der Rührschüssel oder beim Aufarbeiten des Teiges auf der Arbeitsfläche – eine Teigkarte ist ein äußerst praktisches Backutensil beim Arbeiten mit Teig.

4 Teigmesser
Für das Einschneiden von verschiedenen Brotmustern ist ein scharfes Teigmesser perfekt geeignet.

5 Teigthermometer
Für ein perfektes Backergebnis ist eine optimale Teigtemperatur Grundvoraussetzung. Diese erreichen Sie vor allem durch die verwendete Wassertemperatur. Messen Sie stets die Wassertemperatur für ein optimales Backergebnis.

6 Messbecher
Das Wasser sollte zwar stets abgewogen werden, aber mit einem Messbecher kann man die Menge zumindest schon einmal vorab bemessen. Außerdem eignet sich der Messbecher perfekt zum Eingießen von Wasser in die bereitgestellten Behälter im vorgeheizten Backofen.

7 Backblech bzw. Lochblech
Ein großer Vorteil beim Backen sind gelochte Backbleche. Dadurch kann die Hitze auch von unten optimal durchdringen und die Kruste wird mit reichlich Hitze versorgt.

8 Kastenform, Aluwanne bzw. Muffinformen
Für die Herstellung von diversen Kastenbroten oder Brotmuffins sind emaillierte Backformen aus Stahlblech oder Alubackformen besonders geeignet.

Tipp vom Backprofi
Die mit Teig gefüllte Backform sollte niemals auf ein Blech oder auf den Ofenboden gestellt werden. Stellen Sie die Form mittig auf einen Gitterrost und schieben Sie diesen in die Mitte des Ofens.

9 Backofenthermometer
Ein sehr nützliches Utensil zur Überprüfung der tatsächlichen Hitze im Backofen! Vor allem bei älteren Haushaltsbacköfen stimmt die angezeigte Temperatur manchmal nicht mit der tatsächlichen Temperatur im Backofen überein. Mit einem Backofenthermometer kann man vor dem Backen ganz einfach die tatsächliche Temperatur messen und, wenn nötig, korrigieren.

10 Küchenwaage
Es ist sehr wichtig, die Mengenangaben genau einzuhalten, damit das Backergebnis auch so wie beim Profi ausfällt. Damit alle Zutaten genau eingewogen werden können und Sie immer dasselbe Backergebnis erzielen, ist der Einsatz einer guten Küchenwaage zwingend erforderlich. Am besten funktionieren digitale Haushaltswaagen. Achten Sie beim Kauf darauf, dass auch Kleinstmengen wie 1 g abgewogen werden können!

11 Mehlsieb
Das Bemehlen der Arbeitsfläche, das Stauben von Gärkörben und das Aufbringen von Mehl auf die Teigoberfläche funktionieren mit einem feinmaschigen Mehlsieb gleichmäßig und problemlos.

Einleitung

Wichtige Handgriffe

Bis knuspriges, frisches Brot im Körberl liegt, bedarf es einiger Arbeitsschritte. Diese werden hier genau erklärt. Damit Sie sich die Arbeitsschritte gut einprägen können, folgen auf den nächsten Seiten auch detaillierte Anleitungsbilder zu den einzelnen Handgriffen.

Backzutaten vorbereiten
Achten Sie darauf, dass die verwendeten Backzutaten stets Raumtemperatur bzw. die im Rezept angegebene Temperatur haben. Achten Sie genau auf die Angaben, und Sie werden sehen, das Backergebnis spricht für sich.

Tipp vom Backprofi
Am besten richten Sie die benötigten Zutaten schon einige Zeit vor der Zubereitung des Teiges her, damit diese auch sicher Raumtemperatur haben.

Einwiegen
Zum Abwiegen der Backzutaten ist eine genaue Küchenwaage sehr wichtig. Ich wiege immer alle Zutaten nacheinander direkt in die Rührschüssel ein, beginnend mit dem Wasser. Man kann die Backzutaten jedoch auch separat abwiegen und erst dann zusammenmischen. Vor allem beim Salz ist es ratsam, dieses nicht gleich direkt hinzuzufügen, denn wenn man zu viel Salz eingewogen hat, bekommt man es kaum wieder aus der Rührschüssel heraus.

Trockenhefe bzw. frische Hefe
Arbeiten Sie mit Natursauerteig, kann auf Hefe gänzlich verzichtet werden. Wenn Sie aber die Rezepte mit meinem getrockneten Bio-Roggenvollkornsauerteig zubereiten, ist es erforderlich, Hefe beizumengen, da durch das Trocknen des Natursauerteiges der Sauerstoff entzogen worden ist. Damit sich die Hefe im Teig gut auflösen kann, empfehle ich, diese im Wasser zu verrühren. Trockenhefe benötigt in der Regel etwas länger, bis sie aktiv wird; so kann es bei etwas kühlerer Raumtemperatur vorkommen, dass Sie das Brot vor dem Backen um einige Minuten länger gehen lassen müssen. Die Mengenangabe der frischen Hefe ist relativ hoch und bewegt sich im Schnitt bei 3–4 % der Mehlmenge. Im Sommer bzw. an sehr warmen Tagen kann die Zugabe der frischen Hefe um ein Drittel reduziert werden. Je länger Sie dem Teig Zeit geben, sich zu entwickeln, umso mehr Geschmacks- und Aromastoffe kann er bilden.

Kneten
Das Zubereiten eines Teiges ist heutzutage kinderleicht. Wo früher die Oma noch mit Kochlöffel und großer

Einleitung

Schüssel den Teig geschlagen hat, sind es heute hochmoderne Küchenmaschinen, die uns diese Arbeit abnehmen. Damit sich die Zutaten beim Kneten gut vermengen, ist es empfehlenswert, zuerst das Wasser in die Rührschüssel zu geben und dann erst das Mehl sowie die weiteren Zutaten.

Kneten mit der Hand

Wenn man weder eine Küchenmaschine noch einen Handmixer besitzt, kann man den Teig mit der Hand kneten. Das Problem hierbei ist lediglich, dass man versuchen muss, mit so wenig zusätzlichem Mehl wie möglich auszukommen. Um einen Teig mit der Hand ordentlich auszukneten, muss man diesen mindestens 10 Minuten intensiv kneten, bis er ganz glatt ist. Bei sehr weichen Teigen empfiehlt sich das Rühren (Schlagen) mit einem großen Kochlöffel.

Kneten mit dem Handmixer

Mit den Knethaken des Handmixers lassen sich Teige gut kneten. Hierbei kann es aber immer wieder vorkommen, dass der Mixer heiß wird und nach kurzer Zeit nicht mehr ordentlich rührt. Falls das passiert, sollten die Zutaten zuerst mit dem Handmixer gut verrührt und anschließend der Teig mit der Hand fertig geknetet werden.

Tipp vom Backprofi

Brotteige mit hohem Roggenmehlanteil sind oft sehr klebrig und klitschig. Mit einem Einweghandschuh können Sie zumindest das lästige Entfernen des Teiges unter den Fingernägeln verhindern.

Kneten mit der Küchenmaschine

Brotteige sollten meist nur langsam gerührt werden, damit sich die Zutaten gut vermengen und das Mehl das Wasser langsam binden kann. Ein Teig braucht Zeit, bis er gut durchgeknetet ist. Im Schnitt sind das etwa 8–10 Minuten. Auf keinen Fall bei höchster Stufe kneten!

Teigruhe

Den Teig sollte man nach dem Kneten immer ruhen lassen, und das am besten zugedeckt, damit er an der Oberfläche nicht austrocknet. Es reicht vollkommen aus, wenn dies bei normaler Raumtemperatur geschieht. Bei Brotteigen liegt die Teigruhe im Schnitt bei 20–30 Minuten. Während dieser Zeit kann sich der Teig entspannen und Geschmacks- und Aromastoffe bilden.

Aufarbeiten/Wirken

Ausgangsbasis für einen Brotlaib, einen Brotwecken oder ein Kastenbrot ist immer eine rund geformte Teigkugel. In der Fachsprache spricht man hier von einem rund gewirkten Brot. Da Teige mit einem hohen Roggenmehlanteil sehr klebrig sind, ist es von Vorteil, die Arbeitsfläche gut zu bemehlen. Arbeiten Sie mit wenig Druck. Sie werden sehen: Mit ein wenig Übung gelingt es immer besser!

Wälzen in Körnern oder anderen Zutaten

Damit Saaten und Körner auf dem gewirkten Teig gut haften bleiben, besprühen Sie diesen unbedingt zuvor gut mit Wasser und wälzen Sie ihn ordentlich in den Körnern.

Gehzeit

Nach dem Formen des Brotes muss dieses unbedingt nochmals aufgehen, bevor Sie es in den Backofen schieben. Das ist wichtig, damit das Brot schön locker und flaumig wird. Der Profi-Bäcker hat hierfür einen Gärraum, in dem das Brot bei gleich bleibender Temperatur und Luftfeuchtigkeit aufgehen kann. Zu Hause können Sie Ihr Brot bei Raumtemperatur gehen lassen. Achten Sie darauf, dass Sie das geformte Brot mit einem Geschirrtuch abdecken und Zugluft vermeiden!

Tipp vom Backprofi

Lassen Sie das geformte Brot unter einem Geschirrtuch bei gleich bleibender Temperatur und Luftfeuchtigkeit nochmals gehen – die beste Voraussetzung für flaumiges, lockeres Brot!

Einleitung

Schritt für Schritt zum eigenen Brot

Schritt 1
Wasser temperieren (optimale Temperatur ca. 32 °C bzw. wie im Rezept angegeben).

Schritt 2
Temperiertes Wasser genau nach Rezeptangabe abwiegen.

Schritt 3
Trockenhefe oder frische Hefe mit einem Schneebesen verrühren.

Schritt 4
Zutaten mit einer digitalen Waage genau nach Rezeptangabe einwiegen.

Schritt 5
Mit einem Kochlöffel die Zutaten vor dem Kneten etwas durchmischen.

Schritt 6
Den Teig wie in der Anleitung beschrieben kneten.

Schritt 7
Teig nach dem Kneten auf eine bemehlte Arbeitsfläche geben.

Schritt 8
Brotteig ruhen lassen, dabei mit einem Tuch abdecken.

Schritt 9
Den Backofen vorheizen und ein hitzebeständiges Gefäß in die Mitte des Backofens stellen oder eine Alutasse links und rechts platzieren.

Schritt 10

Mit einem feinen Sieb einen Gärkorb mit Mehl bestauben.

Schritt 11

Brotteig wirken (siehe auch die Anleitungsbilder zu verschiedenen Brotformen auf den Seiten 24–31).

Schritt 12

Brotteig in den gestaubten Gärkorb legen, mit einem Tuch abdecken und nach Anleitung gehen lassen.

Schritt 13

Den Brotteig nach der Gehzeit auf ein Backblech stürzen.

Schritt 14

Brot vor dem Backen je nach Wunsch mit einem scharfen Teigmesser einschneiden.

Schritt 15

Eiswürfel oder kaltes Wasser in das feuerfeste Gefäß im Backofen geben. Vorsicht: Verbrennungsgefahr!

Schritt 16

Brot in den Backofen schieben, nach etwa 8–10 Minuten kurz die Backofentür öffnen, damit der Dampf entweichen kann. Brot nach Anleitung backen.

Schritt 17

Brot nach dem Backen auf einem Küchenrost gut auskühlen lassen.

Rund gewirktes Brot
(Schluss nach oben)

Schritt 1
Brotteig auf einer leicht bemehlten Arbeitsfläche aufarbeiten.

Schritt 2
Obere Enden des Teigstückes in die Mitte falten.

Schritt 3
Die äußeren Enden mit wenig Druck immer wieder in die Mitte legen.

Schritt 4
Mit dem rechten Handballen eine runde Teigkugel formen, mit der linken Hand den Teig formen.

Schritt 5
Der Teig ist fertig gewirkt, hier mit dem „Schluss" an der Oberseite zu sehen.

Schritt 6
Den Laib mit dem Schluss nach oben in einen mit Mehl gestaubten, runden Gärkorb legen.

Schritt 7
Den Laib nach der Gehzeit mit dem Schluss nach unten auf ein Backblech stürzen.

Rund gewirktes Brot
(Schluss nach unten)

Schritt 1–4

Wie auf Seite 24 beschrieben durchführen.

Schritt 5

Es ist auch möglich, nach dem Wirken den Schluss nach unten zu drehen.

Schritt 6

Den gewirkten Teig mit der schönen Oberseite nach oben in den gestaubten Gärkorb legen.

Schritt 7

Die Oberfläche des Laibes mit einem feinen Sieb großflächig bemehlen.

Schritt 8

Nach der angegebenen Gehzeit entstehen an der Oberfläche des Teiges Risse.

Schritt 9

Den Laib nun aus dem Gärkorb auf das Backblech „schupfen" (gleiten lassen) und in den Backofen schieben.

Herstellung von Weckenbrot
(Schluss nach oben)

Schritt 1
Teig rund formen (wirken).

Schritt 2
Teig etwas flach drücken und das obere Ende des Teiges in die Mitte falten.

Schritt 3
Unteres Ende des Teiges in die Mitte falten.

Schritt 4
Brot nun zu einem länglichen Wecken formen.

Schritt 5
So sollte der eingeschlagene Wecken nun aussehen.

Schritt 6
Mit dem Schluss nach oben in einen gestaubten, länglichen Gärkorb legen.

Schritt 7
So sollte der Brotwecken nach der Gehzeit aussehen.

Schritt 8
Brotwecken auf ein Backblech stürzen.

Schritt 9
Brotwecken vor dem Backen mit einem Teigmesser mehrmals einschneiden und in den Backofen schieben.

Herstellung von Weckenbrot
(Schluss nach unten)

Schritt 1–4
Wie auf Seite 26 beschrieben durchführen.

Schritt 5
Möchte man eine rustikale Weckenform haben, dann mit dem Schluss nach unten in einen gestaubten, länglichen Gärkorb legen. Die Oberfläche des Weckens mit einem feinen Sieb großflächig bemehlen.

Schritt 6
Nach der angegebenen Gehzeit entstehen an der Oberfläche des Teiges Risse.

Schritt 7
Wecken nun aus dem Gärkorb auf das Backblech „schupfen" (gleiten lassen) und in den Backofen schieben.

Herstellung von Kastenbrot

Schritt 1

Teig rund formen (wirken).

Schritt 2

Teig etwas flach drücken und das obere Ende des Teiges in die Mitte falten.

Schritt 3

Unteres Ende des Teiges in die Mitte falten.

Schritt 4

Teig nun zu einem länglichen Wecken formen.

Schritt 5

Möchte man Körner oder Saaten auf dem Kastenbrot, geformten Wecken großzügig mit Wasser besprühen oder bestreichen.

Schritt 6

In Körnern oder Saaten wälzen.

Schritt 7

Wecken mit dem Schluss nach unten in eine Kastenform legen. Die Form vorher entweder mit Backpapier auslegen oder mit Backtrennspray besprühen. Mit einem feinen Sieb großflächig das Brot bemehlen.

Schritt 8

Nach der angegebenen Gehzeit entstehen an der Oberfläche des Brotes Risse.

Schritt 9

Zusätzlich kann man vor dem Backen mit einer Nadel oder einem spitzen Gegenstand einige Löcher in das Brot stechen; dadurch können beim Backen die Gärgase besser entweichen, das Brot bricht nicht zu stark auf.

Einleitung

Weitere Brotsorten

Doppelwecken

Schritt 1
Brotteig halbieren und beide Teile rund wirken.

Schritt 2
Mit beiden Händen zu länglichen, kleinen Brotwecken rollen.

Schritt 3
In einen gestaubten, länglichen Gärkorb legen und zugedeckt gehen lassen.

Schritt 4
Brot nach der Gehzeit auf ein Backblech stürzen.

Schritt 5
Brot vor dem Backen mit einem scharfen Teigmesser in der Mitte längs einschneiden.

Brotring

Schritt 1
Brotteig rund wirken und anschließend lang wirken.

Schritt 2
Die beiden Teigenden zu einem Ring formen und auf ein Backblech setzen, mit einem scharfen Teigmesser einschneiden.

Rechteckiges Brot

Schritt 1
Rund gewirkten Teig auf ein Backblech stürzen und mit den Fingern vorsichtig zur Mitte hin zusammenschieben.

Schritt 2
Zu einem rechteckigen Brot formen und in den Backofen schieben.

Wurz'n-Brot

Schritt 1
Brotteig rund wirken und anschließend lang wirken.

Schritt 2
Die beiden äußeren Enden entgegengesetzt in viel Mehl drehen und auf ein Backblech setzen.

Einleitung

Glatter Laib

Schritt 1
Laib nach der zweiten Gehzeit aus dem Gärkorb auf ein Backblech stürzen und mit einem Mehlbesen die Oberfläche des Laibes abkehren bzw. abbürsten.

Schritt 2
Oberfläche des Brotes großzügig mit Wasser besprühen.

Schritt 3
Mit einer Nadel oder einem spitzen Gegenstand einige Löcher in das Brot stechen (ganz durchstechen).

Kreuzschnitt

Brotlaib vor dem Backen mit einem scharfen Teigmesser kreuzförmig einschneiden.

Seitlicher Krustenschnitt

Brotwecken vor dem Backen mit einem scharfen Teigmesser seitlich einschneiden.

Einleitung

Ab in den Ofen ...

Backen mit dem Backstein/Pizzastein

Durch die Verwendung eines Backsteines können Sie ein perfektes Backergebnis erzielen. Den Backstein immer gut vorheizen und das Brot dann direkt auf den Stein legen. Dadurch entsteht beim Backen eine dicke, schmackhafte Kruste und ein ähnlich gutes Backergebnis wie in einem Holzofen!

Backen mit Heißluft oder Ober- und Unterhitze

Grundsätzlich ist eine ruhige Backatmosphäre (Backen mit Ober- und Unterhitze) beim Backen von Brot von Vorteil. Man muss auch erwähnen, dass ein Haushaltsbackofen Brot nie so perfekt backen kann wie ein richtiger Bäckerofen. Aber es gibt einige Tipps und Tricks, mit deren Hilfe man auch zu Hause Brot backen kann, das dem Bäckerbrot sehr nahe kommt.

- Backofen immer gut vorheizen, bei größtmöglicher Hitze – je nach Backofentyp (220–270 °C).
- Nachdem Sie das Brot in den Backofen geschoben haben, die ersten 8–10 Minuten bei voller Temperatur mit Wassereinwirkung bei Heißluft backen.
- Anschließend für etwa 30–60 Sekunden die Backofentür weit öffnen, Dampf entweichen lassen.
- Hitze reduzieren, mit Ober-/Unterhitze weiterbacken.
- Die letzten 5–10 Minuten vor Backende die Backofentür mit einer eingeklemmten Gabel einen Spalt offen halten (Vorsicht: die Gabel wird heiß!) und die Temperatur auf etwa 230 °C erhöhen. Dadurch erhält das Brot eine dicke Kruste.

Bei Kastenbroten empfiehlt es sich, das Brot am Ende der Backzeit aus der Kastenform zu stürzen und ohne Form fertig zu backen.

Einleitung

Backen mit Dampf

Der Einfluss von Dampf spielt eine wesentliche Rolle beim Backen: So bekommt Ihr Brot ein gutes Volumen und eine glänzende Kruste. Außerdem kann man mit Hilfe von Dampf die Oberflächenstruktur des Brotes steuern, beispielsweise ob die Kruste rustikal oder glatt sein soll. Backen mit Dampf ist ganz einfach: Sobald Sie den Backofen vorheizen, stellen Sie ein hitzebeständiges Gefäß (oder zwei Alutassen rechts und links) in den Backofen. Wenn Sie das Brot in den Ofen schieben, gießen Sie ca. 200–250 ml kaltes Wasser in das aufgeheizte Gefäß (Sie können auch Eiswürfel verwenden). Es ist empfehlenswert, nach etwa 8–10 Minuten den Dampf entweichen zu lassen. Hierfür einfach für 30–60 Sekunden die Backofentür weit öffnen. Würden Sie die ganze Backzeit mit Dampf backen, würde die Kruste stark aufbrechen; Sie hätten dann Probleme beim Schneiden Ihres Brotes.

Backen mit dem Dampfgarer oder mit einem Kombigerät

Backöfen neuerer Generation können bereits automatisch Dampf beim Backen auslösen.

Tipp vom Backprofi

Klimagaren: ein Dampfstoß bei 250 °C (dauert in der Regel genau 8 Minuten, bis dieser komplett ausgelöst wird). Anschließend Backofentür weit öffnen, Dampf entweichen lassen, Klimagaren beenden und mit Ober- und Unterhitze je nach Angabe im Rezept fertig backen. Bei einem Kombigerät Feuchte auf 100 % einstellen und nach etwa 8 Minuten Backofentür weit öffnen, Dampf entweichen lassen und mit Ober- und Unterhitze je nach Angabe im Rezept fertig backen.

Gär- und Backverlust

Brot verliert beim Backen einiges an Gewicht. Hierbei spricht man vom Gär- und Backverlust. In der Regel sind es etwa 12–15 % vom Teiggewicht. Das bedeutet, dass man für ein Brot mit einem Ausbackgewicht von 1000 g ca. 1120–1150 g Teig benötigt. Auf dieses Ausbackgewicht sind auch die Mengenangaben bei den Rezepten ausgelegt.

Klopfprobe

Ist Ihr Brot fertig gebacken, nehmen Sie es aus dem Backofen und klopfen Sie auf die Unterseite. Das Geräusch muss sich dumpf bzw. hohl anhören. Dann ist das Brot gut durchgebacken. Klebt Ihr Brot beim Schneiden oder krümelt die Krume etwas, verlängern Sie die Backzeit beim nächsten Backen um 5–10 Minuten bei etwas schwächerer Temperatur.

Doppeltes Backen

Vor allem bei Kastenbroten, aber auch Laiben oder Wecken ist das doppelte Backen eine gute Möglichkeit, um eine kräftige Kruste zu bekommen. Hierbei wird das fertig gebackene Brot ca. 30 Minuten bei Raumtemperatur ausgekühlt und dann nochmals etwa 10 Minuten bei ganz starker Hitze (220–270 °C) gebacken.

Tipp vom Backprofi

Backbleche mit Löchern eignen sich hervorragend zum Backen von Brot. Dadurch kommt mehr Hitze von der Unterseite, was sich wiederum positiv auf die Kruste auswirkt.

Einleitung

Auskühlen von Brot

Wenn Sie das Brot aus dem Backofen nehmen, lassen Sie es immer gut auskühlen. Am besten legen Sie es auf einen Küchenrost, so dass von unten Luft durchströmen kann. Wenn Sie Ihr Brot auf dem Backblech auskühlen lassen, kann es vorkommen, dass die Rösche rasch verloren geht, da das fertige Gebäckstück zu schwitzen beginnt (es wird an der Unterseite feucht).

Anschneiden von frischem Brot

Auch wenn der Geruch noch so verführerisch sein mag: Geben Sie Ihrem Brot Zeit, reichlich auszukühlen. Vor allem bei frischen Vollkornbroten kann es sonst vorkommen, dass die Krume noch sehr klebrig ist. Bei Vollkornbroten empfiehlt es sich auch, das Brotmesser leicht zu beölen, bevor Sie das Brot anschneiden. Verwenden Sie immer ein gutes Brotmesser mit scharfen Zacken. Brot beim Aufschneiden immer sägen, nicht drücken!

Lagern von Brot

Für die Lagerung von Brot empfiehlt sich eine Brotdose, vorzugsweise aus Zirbenholz. Auch Brottöpfe aus Ton halten Ihr Brot lange frisch. Auf keinen Fall sollten Sie Brot im Kühlschrank lagern. Hierbei baut die Stärke sehr rasch ab, und das Brot wird schnell alt und trocken.

Einfrieren von Brot

Möchten Sie Ihr Brot einfrieren, sollte es gleich portionsweise verpackt werden. Geben Sie das Brot nach dem Auskühlen in einen Gefrierbeutel. Diesen gut verschließen! Anschließend im Tiefkühlfach oder in der Gefriertruhe lagern. Länger als maximal 2–3 Monate sollten Sie Brot auf keinen Fall tiefkühlen, da es im Tiefkühler nach längerer Zeit austrocknet.

Auftauen von Brot

Lassen Sie Ihrem Brot Zeit, langsam wieder aufzutauen. Damit Sie in der Früh frisches Brot haben, empfiehlt es sich, dieses am Vorabend aus dem Tiefkühler zu nehmen und über Nacht langsam in der Brotdose auftauen zu lassen.

Tipp vom Backprofi

Zu viel Brot kann man gar nie backen, denn man kann es perfekt einfrieren und wieder auftauen – oder ganz einfach an Freunde und Nachbarn als kleine Aufmerksamkeit verschenken.

Zu guter Letzt ...

- Lassen Sie sich von der detaillierten, grammgenauen Angabe der Zutaten, insbesondere des Mehls nicht irritieren! Alle Rezepte wurden so berechnet, dass Sie ein **fertig gebackenes Brot** von ca. 1000 g erhalten. Sie können aus den Rezepten beispielsweise auch zwei Brote mit einer Teigeinlage von ca. 575 g herstellen. Die Aufarbeitung ist dieselbe, nur die Backzeit verringert sich: Die Backzeit für ein halbes Kilo Brot beträgt ca. 30–35 Minuten.

- Achten Sie auf die **Wassermenge** und die **Temperatur**. Da Mehle unterschiedliche Qualitäten haben, ist es empfehlenswert, 10–15 % der Wassermenge nicht gleich direkt in die Rührschüssel zu geben, sondern separat in einen Messbecher. Beobachten Sie den Teig beim Kneten. Wenn er noch Wasser benötigt, dann geben Sie den Rest nach. Ist der Teig einmal zu weich, sollte auf keinen Fall Mehl beigemengt werden, da alle Rezepte auf die vorhandene Mehlmenge berechnet sind und sich dies negativ auf den Geschmack (Salz, Sauerteig und Malz) sowie auf den Ofentrieb auswirken kann.

- Zutaten **genau** einwiegen.

- Teig während der Teigruhe und des Gehens **immer abdecken** und Zugluft vermeiden.

- Überprüfen Sie die tatsächliche Temperatur Ihres Backofens mit einem **Backofenthermometer**.

- Sorgen Sie für eine **hohe Anfangstemperatur** beim Backen von Brot.

- Den Dampf beim Backen **nach etwa 8–10 Minuten** immer abziehen lassen.

- **Für eine dicke Kruste** die Backofentür die letzten Minuten leicht öffnen und die Temperatur eventuell etwas höher stellen.

- Brot nach dem Ausbacken **immer gut auskühlen** lassen.

- Reine Vollkornbrote nach dem Backen **leicht mit Wasser** bestreichen, damit die Kruste nicht zu schnell trocken wird.

- Verwenden Sie stets ein Brotmesser mit scharfen Zacken. Beim Aufschneiden das Brot **immer sägen**, nicht drücken!

Einleitung

Traditionelle Brote & Klassiker

Kapitel 1

Bio-Anislaib

Knetzeit:
8 Minuten langsam
2 Minuten etwas intensiver
GESAMT 10 Minuten

**Teigruhe
nach dem Kneten:**
30 Minuten

**Gehzeit
nach dem Aufarbeiten:**
ca. 30 Minuten

Backzeit:
50–55 Minuten bei 250 °C
fallend auf 185 °C

Zutaten für 1 Brot mit einem Ausbackgewicht von ca. 1000 g

460 g	Wasser (32 °C)	12 g	Salz
1 Pkg.	Trockenhefe oder ½ Würfel frische Hefe	6 g	Backprofis Bio-Gerstenmalzmehl
295 g	Bio-Roggenmehl Type 960	24 g	Backprofis Bio-Roggenvollkornsauerteig
295 g	Bio-Weizenmehl Type 480 Universal oder Type 1600	18 g	Bio-Anis (ganz)

Zubereitung

1. Wasser temperieren, abmessen bzw. abwiegen und die Hefe darin mit einem Schneebesen auflösen.
2. Die restlichen Zutaten einwiegen und alle Zutaten mit einem Kochlöffel kurz durchmischen.
3. Teig wie in der Anleitung beschrieben kneten.
4. Anschließend Teig auf eine leicht bemehlte Arbeitsfläche geben und zugedeckt 30 Minuten rasten lassen.
5. Mit einem feinen Sieb einen runden Gärkorb (1000 g) mit Bio-Roggenmehl Type 960 bestauben.
6. Brotteig nach der Teigruhe rund formen (wirken).
7. Mit dem Schluss nach oben in den gestaubten Gärkorb legen.
8. Brot mit einem Tuch abdecken und bei Raumtemperatur ca. 30 Minuten gehen lassen.
9. Den Backofen vorheizen und ein feuerfestes Gefäß in den Backofen stellen.
10. Brot nach der Gehzeit auf ein Backblech stürzen.
11. Eiswürfel oder Wasser in das feuerfeste Gefäß im Backofen geben. Vorsicht: Verbrennungsgefahr!
12. Wenn sich an der Oberfläche des Brotes leichte Risse gebildet haben, in die mittlere Schiene des Backofens schieben.
13. Sobald das Brot im Backofen ist, kann man die Hitze auf 185 °C reduzieren.
14. Das Brot muss sich nach der Backzeit beim Klopfen an der Unterseite „hohl" anhören, dann ist es gut durchgebacken.
15. Auf einem Küchenrost gut auskühlen lassen.

Bio-Bauernbrot

Knetzeit:
8 Minuten langsam
2 Minuten etwas intensiver
GESAMT 10 Minuten

Teigruhe nach dem Kneten:
30 Minuten

Gehzeit nach dem Aufarbeiten:
ca. 30 Minuten

Backzeit:
50–55 Minuten bei 250 °C fallend auf 185 °C

Zutaten für 1 Brot mit einem Ausbackgewicht von ca. 1000 g

465 g	Wasser (32 °C)	12 g	Salz
1 Pkg.	Trockenhefe oder ½ Würfel frische Hefe	6 g	Backprofis Bio-Gerstenmalzmehl
415 g	Bio-Roggenmehl Type 960	33 g	Backprofis Bio-Roggenvollkornsauerteig
180 g	Bio-Weizenmehl Type 480 Universal oder Type 1600	3 g	Bio-Fenchelsamen (ganz)

Zubereitung

1. Wasser temperieren, abmessen bzw. abwiegen und die Hefe darin mit einem Schneebesen auflösen.
2. Die restlichen Zutaten einwiegen und alle Zutaten mit einem Kochlöffel kurz durchmischen.
3. Teig wie in der Anleitung beschrieben kneten.
4. Anschließend Teig auf eine leicht bemehlte Arbeitsfläche geben und zugedeckt 30 Minuten rasten lassen.
5. Mit einem feinen Sieb einen runden Gärkorb (1000 g) mit Bio-Roggenmehl Type 960 bestauben.
6. Brotteig nach der Teigruhe rund formen (wirken).
7. Mit dem Schluss nach oben in den gestaubten Gärkorb legen.
8. Brot mit einem Tuch abdecken und bei Raumtemperatur ca. 30 Minuten gehen lassen.
9. Den Backofen vorheizen und ein feuerfestes Gefäß mit in den Backofen stellen.
10. Brot nach der Gehzeit auf ein Backblech stürzen.
11. Eiswürfel oder Wasser in das feuerfeste Gefäß im Backofen geben. Vorsicht: Verbrennungsgefahr!
12. Mit einem Teigmesser das Brot dreimal quer einschneiden und mit dem Daumen in der Mitte des Brotes ein Loch eindrücken.
13. Wenn sich an der Oberfläche des Brotes leichte Risse gebildet haben, in die mittlere Schiene des Backofens schieben.
14. Sobald das Brot im Backofen ist, kann man die Hitze auf 185 °C reduzieren.
15. Das Brot muss sich nach der Backzeit beim Klopfen an der Unterseite „hohl" anhören, dann ist es gut durchgebacken.
16. Auf einem Küchenrost gut auskühlen lassen.

Halbweißer Bio-Wecken

Knetzeit:
8 Minuten langsam
2 Minuten etwas intensiver
GESAMT 10 Minuten

Teigruhe nach dem Kneten:
30 Minuten

Gehzeit nach dem Aufarbeiten:
ca. 30 Minuten

Backzeit:
50–55 Minuten bei 250 °C fallend auf 185 °C

Zutaten für 1 Brot mit einem Ausbackgewicht von ca. 1000 g

480 g	Wasser (32 °C)	12 g	Salz
1 Pkg.	Trockenhefe oder ½ Würfel frische Hefe	6 g	Backprofis Bio-Gerstenmalzmehl
370 g	Bio-Roggenmehl Type 960	29 g	Backprofis Bio-Roggenvollkornsauerteig
245 g	Bio-Weizenmehl Type 480 Universal oder Type 1600	9 g	Backprofis Bio-Brotgewürz

Zubereitung

1. Wasser temperieren, abmessen bzw. abwiegen und die Hefe darin mit einem Schneebesen auflösen.
2. Die restlichen Zutaten einwiegen und alle Zutaten mit einem Kochlöffel kurz durchmischen.
3. Teig wie in der Anleitung beschrieben kneten.
4. Anschließend Teig auf eine leicht bemehlte Arbeitsfläche geben und zugedeckt 30 Minuten rasten lassen.
5. Mit einem feinen Sieb einen länglichen Gärkorb (1000 g) mit Bio-Roggenmehl Type 960 bestauben.
6. Brotteig nach der Teigruhe rund formen (wirken). Anschließend zu einem Wecken formen.
7. Mit dem Schluss nach oben in den gestaubten Gärkorb legen.
8. Brot mit einem Tuch abdecken und bei Raumtemperatur ca. 30 Minuten gehen lassen.
9. Den Backofen vorheizen und ein feuerfestes Gefäß in den Backofen stellen.
10. Das Brot nach der Gehzeit auf ein Backblech stürzen.
11. Mit einem Teigmesser das Brot zwei- bis dreimal quer einschneiden.
12. Eiswürfel oder Wasser in das feuerfeste Gefäß im Backofen geben. Vorsicht: Verbrennungsgefahr!
13. Brot in die mittlere Schiene des Backofens schieben.
14. Sobald das Brot im Backofen ist, kann man die Hitze auf 185 °C reduzieren.
15. Möchte man eine glatte Oberfläche, sollte man nach ca. 3–4 Minuten den Dampf aus dem Backofen entweichen lassen. Hierfür einfach kurz die Backofentür öffnen und dann wieder schließen.
16. Das Brot muss sich nach der Backzeit beim Klopfen an der Unterseite „hohl" anhören, dann ist es gut durchgebacken.
17. Auf einem Küchenrost gut auskühlen lassen.

Steirisches Bio-Landbrot

Knetzeit:
8 Minuten langsam
2 Minuten etwas intensiver
GESAMT 10 Minuten

Teigruhe nach dem Kneten:
30 Minuten

Gehzeit nach dem Aufarbeiten:
ca. 30 Minuten

Backzeit:
50–55 Minuten bei 250 °C fallend auf 185 °C

Zutaten für 1 Brot mit einem Ausbackgewicht von ca. 1000 g

475 g	Wasser (32 °C)	6 g	Backprofis Bio-Gerstenmalzmehl
1 Pkg.	Trockenhefe oder ½ Würfel frische Hefe	25 g	Backprofis Bio-Roggenvollkornsauerteig
310 g	Bio-Roggenmehl Type 960	6 g	Backprofis Bio-Brotgewürz
310 g	Bio-Dinkelvollkornmehl fein	6 g	Bio-Kümmel (ganz)
12 g	Salz		

Zubereitung

1. Wasser temperieren, abmessen bzw. abwiegen und die Hefe darin mit einem Schneebesen auflösen.
2. Die restlichen Zutaten einwiegen und alle Zutaten mit einem Kochlöffel kurz durchmischen.
3. Teig wie in der Anleitung beschrieben kneten.
4. Anschließend Teig auf eine leicht bemehlte Arbeitsfläche geben und zugedeckt 30 Minuten rasten lassen.
5. Mit einem feinen Sieb einen runden Gärkorb (1000 g) mit Bio-Roggenmehl Type 960 bestauben.
6. Brotteig nach der Teigruhe rund formen (wirken).
7. Mit dem Schluss nach unten den gestaubten Gärkorb legen.
8. Oberfläche mit einem feinen Sieb gut mit Bio-Roggenmehl Type 960 stauben.
9. Brot mit einem Tuch abdecken und bei Raumtemperatur ca. 30 Minuten gehen lassen.
10. Den Backofen vorheizen und ein feuerfestes Gefäß in den Backofen stellen.
11. Das Brot nach der Gehzeit auf ein Backblech „schupfen" (schieben).
12. Eiswürfel oder Wasser in das feuerfeste Gefäß im Backofen geben. Vorsicht: Verbrennungsgefahr!
13. Wenn sich an der Oberfläche des Brotes leichte Risse gebildet haben, in die mittlere Schiene des Backofens schieben.
14. Sobald das Brot im Backofen ist, kann man die Hitze auf 185 °C reduzieren.
15. Das Brot muss sich nach der Backzeit beim Klopfen an der Unterseite „hohl" anhören, dann ist es gut durchgebacken.
16. Auf einem Küchenrost gut auskühlen lassen.

Bio-Walnussbrot

Knetzeit:
8 Minuten langsam
2 Minuten etwas intensiver
GESAMT 10 Minuten

Teigruhe nach dem Kneten:
30 Minuten

Gehzeit nach dem Aufarbeiten:
ca. 30 Minuten

Backzeit:
50–55 Minuten bei 250 °C fallend auf 185 °C

Zutaten für 1 Brot mit einem Ausbackgewicht von ca. 1000 g

420 g	Wasser (32 °C)	11 g	Salz
1 Pkg.	Trockenhefe oder ½ Würfel frische Hefe	5 g	Backprofis Bio-Gerstenmalzmehl
405 g	Bio-Roggenmehl Type 960	32 g	Backprofis Bio-Roggenvollkornsauerteig
135 g	Bio-Weizenmehl Type 480 Universal oder Type 1600	150 g	Bio-Walnüsse

Zubereitung

1. Wasser temperieren, abmessen bzw. abwiegen und die Hefe darin mit einem Schneebesen auflösen.
2. Die restlichen Zutaten einwiegen und alle Zutaten mit einem Kochlöffel kurz durchmischen.
3. Teig wie in der Anleitung beschrieben kneten.
4. Anschließend Teig auf eine leicht bemehlte Arbeitsfläche geben und zugedeckt 30 Minuten rasten lassen.
5. Mit einem feinen Sieb einen länglichen Gärkorb (1000 g) mit Bio-Roggenmehl Type 960 bestauben.
6. Brotteig nach der Teigruhe rund formen (wirken). Anschließend zu einem Wecken formen.
7. Mit dem Schluss nach oben in den gestaubten Gärkorb legen.
8. Brot mit einem Tuch abdecken und bei Raumtemperatur ca. 30 Minuten gehen lassen.
9. Den Backofen vorheizen und ein feuerfestes Gefäß in den Backofen stellen.
10. Das Brot nach der Gehzeit auf ein Backblech stürzen.
11. Mit einem Teigmesser das Brot zwei- bis dreimal quer einschneiden.
12. Eiswürfel oder Wasser in das feuerfeste Gefäß im Backofen geben. Vorsicht: Verbrennungsgefahr!
13. Brot in die mittlere Schiene des Backofens schieben.
14. Sobald das Brot im Backofen ist, kann man die Hitze auf 185 °C reduzieren.
15. Möchte man eine glatte Oberfläche, sollte man nach ca. 3–4 Minuten den Dampf aus dem Backofen entweichen lassen. Hierfür einfach kurz die Backofentür öffnen und dann wieder schließen.
16. Das Brot muss sich nach der Backzeit beim Klopfen an der Unterseite „hohl" anhören, dann ist es gut durchgebacken.
17. Auf einem Küchenrost gut auskühlen lassen.

Bio-Jägerstollen

Knetzeit:
8 Minuten langsam
2 Minuten etwas intensiver
GESAMT 10 Minuten

**Teigruhe
nach dem Kneten:**
30 Minuten

**Gehzeit
nach dem Aufarbeiten:**
ca. 30 Minuten

Backzeit:
50–55 Minuten bei 250 °C
fallend auf 185 °C

Zutaten für 1 Brot mit einem Ausbackgewicht von ca. 1000 g

450 g	Wasser (32 °C)	12 g	Salz
1 Pkg.	Trockenhefe oder ½ Würfel frische Hefe	6 g	Backprofis Bio-Gerstenmalzmehl
530 g	Bio-Roggenmehl Type 960	42 g	Backprofis Bio-Roggenvollkornsauerteig
60 g	Bio-Dinkelmehl Type 700 glatt	18 g	Bio-Schweineschmalz

Zubereitung

1. Wasser temperieren, abmessen bzw. abwiegen und die Hefe darin mit einem Schneebesen auflösen.
2. Die restlichen Zutaten einwiegen und alle Zutaten mit einem Kochlöffel kurz durchmischen.
3. Teig wie in der Anleitung beschrieben kneten.
4. Anschließend Teig auf eine leicht bemehlte Arbeitsfläche geben und zugedeckt 30 Minuten rasten lassen.
5. Brotteig nach der Teigruhe rund formen (wirken). Anschließend zu einem Wecken formen.
6. Mit dem Schluss nach unten in eine mit Backpapier ausgelegte Kastenform legen.
7. Oberfläche mit einem feinen Sieb gut mit Bio-Roggenmehl Type 960 stauben.
8. Brot mit einem Tuch abdecken und bei Raumtemperatur ca. 30 Minuten gehen lassen.
9. Den Backofen vorheizen und ein feuerfestes Gefäß in den Backofen stellen.
10. Eiswürfel oder Wasser in das feuerfeste Gefäß im Backofen geben. Vorsicht: Verbrennungsgefahr!
11. Wenn sich an der Oberfläche des Kastenbrotes leichte Risse gebildet haben, in die mittlere Schiene des Backofens schieben.
12. Sobald das Brot im Backofen ist, kann man die Hitze auf 185 °C reduzieren.
13. 10 Minuten vor Backende das Brot aus der Kastenform stürzen und ohne Form fertig backen.
14. Das Brot muss sich nach der Backzeit beim Klopfen an der Unterseite „hohl" anhören, dann ist es gut durchgebacken.
15. Auf einem Küchenrost gut auskühlen lassen.

Steirisches Bio-Kürbiskernbrot

Knetzeit:
8 Minuten langsam
2 Minuten etwas intensiver
GESAMT 10 Minuten

Teigruhe nach dem Kneten:
30 Minuten

Gehzeit nach dem Aufarbeiten:
ca. 30 Minuten

Backzeit:
50–55 Minuten bei 250 °C fallend auf 185 °C

Zutaten für 1 Brot mit einem Ausbackgewicht von ca. 1000 g

425 g	Wasser (32 °C)	5 g	Backprofis Bio-Gerstenmalzmehl
1 Pkg.	Trockenhefe oder ½ Würfel frische Hefe	22 g	Backprofis Bio-Roggenvollkornsauerteig
270 g	Bio-Roggenmehl Type 960	6 g	Backprofis Bio-Brotgewürz
270 g	Bio-Weizenmehl Type 480 Universal oder Type 1600	110 g	Bio-Kürbiskerne (geröstet)
11 g	Salz		Bio-Kürbiskerne zum Bestreuen

Zubereitung

1. Wasser temperieren, abmessen bzw. abwiegen und die Hefe darin mit einem Schneebesen auflösen.
2. Die restlichen Zutaten einwiegen und alle Zutaten mit einem Kochlöffel kurz durchmischen.
3. Teig wie in der Anleitung beschrieben kneten.
4. Anschließend Teig auf eine leicht bemehlte Arbeitsfläche geben und zugedeckt 30 Minuten rasten lassen.
5. Brotteig nach der Teigruhe rund formen (wirken). Anschließend zu einem Wecken formen.
6. Oberfläche mit Wasser befeuchten und mit Bio-Kürbiskernen bestreuen.
7. Mit dem Schluss nach unten in eine mit Backpapier ausgelegte Kastenform legen.
8. Brot mit einem Tuch abdecken und bei Raumtemperatur ca. 30 Minuten gehen lassen.
9. Den Backofen vorheizen und ein feuerfestes Gefäß in den Backofen stellen.
10. Eiswürfel oder Wasser in das feuerfeste Gefäß im Backofen geben. Vorsicht: Verbrennungsgefahr!
11. Wenn sich an der Oberfläche des Kastenbrotes leichte Risse gebildet haben, in die mittlere Schiene des Backofens schieben.
12. Sobald das Brot im Backofen ist, kann man die Hitze auf 185 °C reduzieren.
13. 10 Minuten vor Backende das Brot aus der Kastenform stürzen und ohne Form fertig backen.
14. Das Brot muss sich nach der Backzeit beim Klopfen an der Unterseite „hohl" anhören, dann ist es gut durchgebacken.
15. Auf einem Küchenrost gut auskühlen lassen.

Bio-Buttermilchbrot

Knetzeit:
8 Minuten langsam
2 Minuten etwas intensiver
GESAMT 10 Minuten

Teigruhe nach dem Kneten:
30 Minuten

Gehzeit nach dem Aufarbeiten:
ca. 30 Minuten

Backzeit:
50–55 Minuten bei 250 °C fallend auf 185 °C

Zutaten für 1 Brot mit einem Ausbackgewicht von ca. 1000 g

325 g	Wasser (32 °C)	12 g	Salz
150 g	Bio-Buttermilch (Raumtemperatur)	6 g	Backprofis Bio-Gerstenmalzmehl
1 Pkg.	Trockenhefe oder ½ Würfel frische Hefe	29 g	Backprofis Bio-Roggenvollkornsauerteig
350 g	Bio-Roggenmehl Type 960		
250 g	Bio-Weizenmehl Type 480 Universal oder Type 1600		

Zubereitung

1. Wasser und Bio-Buttermilch temperieren, abmessen bzw. abwiegen und die Hefe darin mit einem Schneebesen auflösen.
2. Die restlichen Zutaten einwiegen und alle Zutaten mit einem Kochlöffel kurz durchmischen.
3. Teig wie in der Anleitung beschrieben kneten.
4. Anschließend Teig auf eine leicht bemehlte Arbeitsfläche geben und zugedeckt 30 Minuten rasten lassen.
5. Mit einem feinen Sieb einen länglichen Gärkorb (1000 g) mit Bio-Roggenmehl Type 960 bestauben.
6. Brotteig nach der Teigruhe in zwei gleich große Teigstücke teilen und rund formen (wirken).
7. Mit dem Schluss nach oben beide Teigstücke nebeneinander in den gestaubten Gärkorb legen.
8. Brot mit einem Tuch abdecken und bei Raumtemperatur ca. 30 Minuten gehen lassen.
9. Den Backofen vorheizen und ein feuerfestes Gefäß in den Backofen stellen.
10. Das Brot nach der Gehzeit auf ein Backblech stürzen.
11. Mit einem Teigmesser das Brot in der Mitte längs einschneiden.
12. Eiswürfel oder Wasser in das feuerfeste Gefäß im Backofen geben. Vorsicht: Verbrennungsgefahr!
13. Brot in die mittlere Schiene des Backofens schieben.
14. Sobald das Brot im Backofen ist, kann man die Hitze auf 185 °C reduzieren.
15. Möchte man eine glatte Oberfläche, sollte man nach ca. 3–4 Minuten den Dampf aus dem Backofen entweichen lassen. Hierfür einfach kurz die Backofentür öffnen und dann wieder schließen.
16. Das Brot muss sich nach der Backzeit beim Klopfen an der Unterseite „hohl" anhören, dann ist es gut durchgebacken.
17. Auf einem Küchenrost gut auskühlen lassen.

Bio-Roggenbrot 100 %

Knetzeit:
8 Minuten langsam
2 Minuten etwas intensiver
GESAMT 10 Minuten

Teigruhe nach dem Kneten:
30 Minuten

Gehzeit nach dem Aufarbeiten:
ca. 30 Minuten

Backzeit:
50–55 Minuten bei 250 °C fallend auf 185 °C

Zutaten für 1 Brot mit einem Ausbackgewicht von ca. 1000 g

460 g	Wasser (32 °C)	6 g	Backprofis Bio-Gerstenmalzmehl
1 Pkg.	Trockenhefe oder ½ Würfel frische Hefe	58 g	Backprofis Bio-Roggenvollkornsauerteig
580 g	Bio-Roggenmehl Type 960	6 g	Bio-Kümmel (gemahlen)
12 g	Salz		

Zubereitung

1. Wasser temperieren, abmessen bzw. abwiegen und die Hefe darin mit einem Schneebesen auflösen.
2. Die restlichen Zutaten einwiegen und alle Zutaten mit einem Kochlöffel kurz durchmischen.
3. Teig wie in der Anleitung beschrieben kneten.
4. Anschließend Teig auf eine leicht bemehlte Arbeitsfläche geben und zugedeckt 30 Minuten rasten lassen.
5. Mit einem feinen Sieb einen länglichen Gärkorb (1000 g) mit Bio-Roggenmehl Type 960 bestauben.
6. Brotteig nach der Teigruhe rund formen (wirken). Anschließend zu einem Wecken formen.
7. Mit dem Schluss nach unten in den gestaubten Gärkorb legen.
8. Oberfläche mit einen feinen Sieb gut mit Bio-Roggenmehl Type 960 stauben.
9. Brot mit einem Tuch abdecken und bei Raumtemperatur ca. 30 Minuten gehen lassen.
10. Den Backofen vorheizen und ein feuerfestes Gefäß in den Backofen stellen.
11. Das Brot nach der Gehzeit auf ein Backblech „schupfen" (schieben).
12. Eiswürfel oder Wasser in das feuerfeste Gefäß im Backofen geben. Vorsicht: Verbrennungsgefahr!
13. Wenn sich an der Oberfläche des Brotes leichte Risse gebildet haben, in die mittlere Schiene des Backofens schieben.
14. Sobald das Brot im Backofen ist, kann man die Hitze auf 185 °C reduzieren.
15. Das Brot muss sich nach der Backzeit beim Klopfen an der Unterseite „hohl" anhören, dann ist es gut durchgebacken.
16. Auf einem Küchenrost gut auskühlen lassen.

Kapitel 1 *(Traditionelle Brote & Klassiker)*

Bio-Sonnenblumenbrot

Knetzeit:
8 Minuten langsam
2 Minuten etwas intensiver
GESAMT 10 Minuten

Teigruhe nach dem Kneten:
30 Minuten

Gehzeit nach dem Aufarbeiten:
ca. 30 Minuten

Backzeit:
50–55 Minuten bei 250 °C fallend auf 185 °C

Zutaten für 1 Brot mit einem Ausbackgewicht von ca. 1000 g

430 g	Wasser (32 °C)	30 g	Backprofis Bio-Roggenvollkornsauerteig
1 Pkg.	Trockenhefe oder ½ Würfel frische Hefe	100 g	Bio-Sonnenblumenkerne (geröstet)
365 g	Bio-Roggenmehl Type 960		Bio-Sonnenblumenkerne (geröstet) zum Bestreuen
175 g	Bio-Weizenmehl Type 480 Universal oder Type 1600		
11 g	Salz		
6 g	Backprofis Bio-Gerstenmalzmehl		

Zubereitung

1. Wasser temperieren, abmessen bzw. abwiegen und die Hefe darin mit einem Schneebesen auflösen.
2. Die restlichen Zutaten einwiegen und alle Zutaten mit einem Kochlöffel kurz durchmischen.
3. Teig wie in der Anleitung beschrieben kneten.
4. Anschließend Teig auf eine leicht bemehlte Arbeitsfläche geben und zugedeckt 30 Minuten rasten lassen.
5. Mit einem feinen Sieb einen runden Gärkorb (1000 g) mit Bio-Roggenmehl Type 960 bestauben.
6. Brotteig nach der Teigruhe rund formen (wirken).
7. Oberfläche mit Wasser befeuchten und mit Bio-Sonnenblumenkernen bestreuen.
8. Mit dem Schluss nach oben in den gestaubten Gärkorb legen.
9. Brot mit einem Tuch abdecken und bei Raumtemperatur ca. 30 Minuten gehen lassen.
10. Den Backofen vorheizen und ein feuerfestes Gefäß in den Backofen stellen.
11. Das Brot nach der Gehzeit auf ein Backblech stürzen.
12. Falls vorhanden, mit einem Torteneinteiler eindrücken.
13. Eiswürfel oder Wasser in das feuerfeste Gefäß im Backofen geben. Vorsicht: Verbrennungsgefahr!
14. In die mittlere Schiene des Backofens schieben.
15. Sobald das Brot im Backofen ist, kann man die Hitze auf 185 °C reduzieren.
16. Das Brot muss sich nach der Backzeit beim Klopfen an der Unterseite „hohl" anhören, dann ist es gut durchgebacken.
17. Auf einem Küchenrost gut auskühlen lassen.

Kapitel 1 *(Traditionelle Brote & Klassiker)*

Bio-Kümmelwurz'n

Knetzeit:
8 Minuten langsam
2 Minuten etwas intensiver
GESAMT 10 Minuten

**Teigruhe
nach dem Kneten:**
30 Minuten

**Gehzeit
nach dem Aufarbeiten:**
ca. 30 Minuten

Backzeit:
50–55 Minuten bei 250 °C
fallend auf 185 °C

Zutaten für 1 Brot mit einem Ausbackgewicht von ca. 1000 g

465 g	Wasser (32 °C)	6 g	Backprofis Bio-Gerstenmalzmehl
1 Pkg.	Trockenhefe oder ½ Würfel frische Hefe	33 g	Backprofis Bio-Roggenvollkornsauerteig
420 g	Bio-Roggenmehl Type 960	6 g	Bio-Kümmel (gemahlen)
165 g	Bio-Weizenmehl Type 480 Universal oder Type 1600	10 g	Bio-Kümmel (ganz)
12 g	Salz		Bio-Kümmel (ganz) zum Bestreuen

Zubereitung

1. Wasser temperieren, abmessen bzw. abwiegen und die Hefe darin mit einem Schneebesen auflösen.
2. Die restlichen Zutaten einwiegen und alle Zutaten mit einem Kochlöffel kurz durchmischen.
3. Teig wie in der Anleitung beschrieben kneten.
4. Anschließend Teig auf eine leicht bemehlte Arbeitsfläche geben und zugedeckt 30 Minuten rasten lassen.
5. Brotteig nach der Teigruhe rund formen (wirken). Anschließend zu einem Wecken formen.
6. In sehr viel Bio-Roggenmehl Type 960 wälzen und dann zu einem rustikalen Brot eindrehen.
7. Brot mit einem Tuch abdecken und bei Raumtemperatur ca. 30 Minuten gehen lassen.
8. Den Backofen vorheizen und ein feuerfestes Gefäß in den Backofen stellen.
9. Eiswürfel oder Wasser in das feuerfeste Gefäß im Backofen geben. Vorsicht: Verbrennungsgefahr!
10. Wenn sich an der Oberfläche des Brotes leichte Risse gebildet haben, mit einem Teigpinsel in drei Strichen dick mit Wasser bestreichen, mit Bio-Kümmel (ganz) bestreuen und in die mittlere Schiene des Backofens schieben.
11. Sobald das Brot im Backofen ist, kann man die Hitze auf 185 °C reduzieren.
12. Das Brot muss sich nach der Backzeit beim Klopfen an der Unterseite „hohl" anhören, dann ist es gut durchgebacken.
13. Auf einem Küchenrost gut auskühlen lassen.

Bio-Leinsamenbrot

Knetzeit:
8 Minuten langsam
2 Minuten etwas intensiver
GESAMT 10 Minuten

Teigruhe nach dem Kneten:
30 Minuten

Gehzeit nach dem Aufarbeiten:
ca. 30 Minuten

Backzeit:
50–55 Minuten bei 250 °C fallend auf 185 °C

Zutaten für 1 Brot mit einem Ausbackgewicht von ca. 1000 g

110 g	Bio-Leinsamen	12 g	Salz
110 g	Wasser (40 °C)	6 g	Backprofis Bio-Gerstenmalzmehl
420 g	Wasser (32 °C)	35 g	Backprofis Bio-Roggenvollkornsauerteig
1 Pkg.	Trockenhefe oder ½ Würfel frische Hefe	6 g	Backprofis Bio-Brotgewürz
420 g	Bio-Roggenmehl Type 960		
120 g	Bio-Weizenmehl Type 480 Universal oder Type 1600		

Bio-Leinsamen zum Bestreuen

Zubereitung

1. Leinsamen und Wasser in der angegeben Menge vermengen und mindestens 1 Stunde quellen lassen.
2. Wasser temperieren, abmessen bzw. abwiegen und die Hefe darin mit einem Schneebesen auflösen.
3. Die restlichen Zutaten einwiegen und alle Zutaten mit einem Kochlöffel kurz durchmischen.
4. Teig wie in der Anleitung beschrieben kneten.
5. Anschließend Teig auf eine leicht bemehlte Arbeitsfläche geben und zugedeckt 30 Minuten rasten lassen.
6. Brotteig nach der Teigruhe rund formen (wirken). Anschließend zu einem Wecken formen.
7. Oberfläche mit Wasser befeuchten und mit Bio-Leinsamen bestreuen.
8. Mit dem Schluss nach unten in eine mit Backpapier ausgelegte Kastenform legen.
9. Brot mit einem Tuch abdecken und bei Raumtemperatur ca. 30 Minuten gehen lassen.
10. Den Backofen vorheizen und ein feuerfestes Gefäß in den Backofen stellen.
11. Eiswürfel oder Wasser in das feuerfeste Gefäß im Backofen geben. Vorsicht: Verbrennungsgefahr!
12. Wenn sich an der Oberfläche des Kastenbrotes leichte Risse gebildet haben, in die mittlere Schiene des Backofens schieben.
13. Sobald das Brot im Backofen ist, kann man die Hitze auf 185 °C reduzieren.
14. 10 Minuten vor Backende das Brot aus der Kastenform stürzen und ohne Form fertig backen.
15. Das Brot muss sich nach der Backzeit beim Klopfen an der Unterseite „hohl" anhören, dann ist es gut durchgebacken.
16. Auf einem Küchenrost gut auskühlen lassen.

Bio-Gewürzbrot

Knetzeit:
8 Minuten langsam
2 Minuten etwas intensiver
GESAMT 10 Minuten

**Teigruhe
nach dem Kneten:**
30 Minuten

**Gehzeit
nach dem Aufarbeiten:**
ca. 30 Minuten

Backzeit:
50–55 Minuten bei 250 °C
fallend auf 185 °C

Zutaten für 1 Brot mit einem Ausbackgewicht von ca. 1000 g

450 g	Wasser (32 °C)	32 g	Backprofis Bio-Roggenvollkornsauerteig
1 Pkg.	Trockenhefe oder ½ Würfel frische Hefe	11 g	Backprofis Bio-Brotgewürz
400 g	Bio-Roggenmehl Type 960	4 g	Bio-Anis (ganz)
175 g	Bio-Weizenmehl Type 480 Universal oder Type 1600	6 g	Bio-Fenchelsamen (ganz)
11 g	Salz	6 g	Bio-Kümmel (ganz)
5 g	Backprofis Bio-Gerstenmalzmehl		Bio-Anis (ganz), Bio-Fenchelsamen (ganz) und Bio-Kümmel (ganz) zum Bestreuen

Zubereitung

1. Wasser temperieren, abmessen bzw. abwiegen und die Hefe darin mit einem Schneebesen auflösen.
2. Die restlichen Zutaten einwiegen und alle Zutaten mit einem Kochlöffel kurz durchmischen.
3. Teig wie in der Anleitung beschrieben kneten.
4. Anschließend Teig auf eine leicht bemehlte Arbeitsfläche geben und zugedeckt 30 Minuten rasten lassen.
5. Mit einem feinen Sieb einen länglichen Gärkorb (1000 g) mit Bio-Roggenmehl Type 960 bestauben.
6. Etwas Bio-Anis, Bio-Fenchelsamen und Bio-Kümmel in den Gärkorb streuen.
7. Brotteig nach der Teigruhe rund formen (wirken). Anschließend zu einem Wecken formen.
8. Mit dem Schluss nach oben in den gestaubten Gärkorb legen.
9. Brot mit einem Tuch abdecken und bei Raumtemperatur ca. 30 Minuten gehen lassen.
10. Den Backofen vorheizen und ein feuerfestes Gefäß in den Backofen stellen.
11. Das Brot nach der Gehzeit auf ein Backblech stürzen.
12. Mit einem Teigmesser das Brot auf beiden Seiten vier- bis fünfmal einschneiden.
13. Eiswürfel oder Wasser in das feuerfeste Gefäß im Backofen geben. Vorsicht: Verbrennungsgefahr!
14. Brot in die mittlere Schiene des Backofens schieben.
15. Sobald das Brot im Backofen ist, kann man die Hitze auf 185 °C reduzieren.
16. Das Brot muss sich nach der Backzeit beim Klopfen an der Unterseite „hohl" anhören, dann ist es gut durchgebacken.
17. Auf einem Küchenrost gut auskühlen lassen.

Bio-Heimatbrot

Knetzeit:
8 Minuten langsam
2 Minuten etwas intensiver
GESAMT 10 Minuten

Teigruhe nach dem Kneten:
30 Minuten

Gehzeit nach dem Aufarbeiten:
ca. 30 Minuten

Backzeit:
50–55 Minuten bei 250 °C fallend auf 185 °C

Zutaten für 1 Brot mit einem Ausbackgewicht von ca. 1000 g

455 g	Wasser (32 °C)	6 g	Backprofis Bio-Gerstenmalzmehl
1 Pkg.	Trockenhefe oder ½ Würfel frische Hefe	32 g	Backprofis Bio-Roggenvollkornsauerteig
415 g	Bio-Roggenmehl Type 960	40 g	Bio-Roggenschrot (grob)
110 g	Bio-Weizenmehl Type 480 Universal oder Type 1600	50 g	Bio-Sonnenblumenkerne
11 g	Salz		Bio-Roggenschrot (grob) zum Wälzen

Zubereitung

1. Wasser temperieren, abmessen bzw. abwiegen und die Hefe darin mit einem Schneebesen auflösen.
2. Die restlichen Zutaten einwiegen und alle Zutaten mit einem Kochlöffel kurz durchmischen.
3. Teig wie in der Anleitung beschrieben kneten.
4. Anschließend Teig auf eine leicht bemehlte Arbeitsfläche geben und zugedeckt 30 Minuten rasten lassen.
5. Mit einem feinen Sieb einen länglichen Gärkorb (1000 g) mit Bio-Roggenmehl Type 960 bestauben.
6. Brotteig nach der Teigruhe rund formen (wirken). Anschließend zu einem Wecken formen.
7. Oberfläche mit Wasser befeuchten und in Bio-Roggenschrot wälzen.
8. Mit dem Schluss nach oben in den gestaubten Gärkorb legen.
9. Brot mit einem Tuch abdecken und bei Raumtemperatur ca. 30 Minuten gehen lassen.
10. Den Backofen vorheizen und ein feuerfestes Gefäß in den Backofen stellen.
11. Das Brot nach der Gehzeit auf ein Backblech stürzen.
12. Eiswürfel oder Wasser in das feuerfeste Gefäß im Backofen geben. Vorsicht: Verbrennungsgefahr!
13. Wenn sich an der Oberfläche des Brotes leichte Risse gebildet haben, in die mittlere Schiene des Backofens schieben.
14. Sobald das Brot im Backofen ist, kann man die Hitze auf 185 °C reduzieren.
15. Das Brot muss sich nach der Backzeit beim Klopfen an der Unterseite „hohl" anhören, dann ist es gut durchgebacken.
16. Auf einem Küchenrost gut auskühlen lassen.

Bio-Bergbauernbrot

Knetzeit:
8 Minuten langsam
2 Minuten etwas intensiver
GESAMT 10 Minuten

Teigruhe nach dem Kneten:
30 Minuten

Gehzeit nach dem Aufarbeiten:
ca. 30 Minuten

Backzeit:
50–55 Minuten bei 250 °C fallend auf 185 °C

Zutaten für 1 Brot mit einem Ausbackgewicht von ca. 1000 g

450 g	Wasser (32 °C)	33 g	Backprofis Bio-Roggenvollkornsauerteig
1 Pkg.	Trockenhefe oder ½ Würfel frische Hefe	80 g	Bio-Dinkelflocken
420 g	Bio-Roggenmehl Type 960	80 g	Bio-Sonnenblumenkerne
80 g	Bio-Weizenmehl Type 480 Universal oder Type 1600	\multicolumn{2}{l}{Bio-Sonnenblumenkerne zum Bestreuen}
10 g	Salz		
5 g	Backprofis Bio-Gerstenmalzmehl		

Zubereitung

1. Wasser temperieren, abmessen bzw. abwiegen und die Hefe darin mit einem Schneebesen auflösen.
2. Die restlichen Zutaten einwiegen und alle Zutaten mit einem Kochlöffel kurz durchmischen.
3. Teig wie in der Anleitung beschrieben kneten.
4. Anschließend Teig auf eine leicht bemehlte Arbeitsfläche geben und zugedeckt 30 Minuten rasten lassen.
5. Mit einem feinen Sieb einen runden Gärkorb (1000 g) mit Bio-Roggenmehl Type 960 bestauben.
6. Brotteig nach der Teigruhe rund formen (wirken).
7. Mit dem Schluss nach oben in den gestaubten Gärkorb legen.
8. Brot mit einem Tuch abdecken und bei Raumtemperatur ca. 30 Minuten gehen lassen.
9. Den Backofen vorheizen und ein feuerfestes Gefäß in den Backofen stellen.
10. Das Brot nach der Gehzeit auf ein Backblech stürzen.
11. Eiswürfel oder Wasser in das feuerfeste Gefäß im Backofen geben. Vorsicht: Verbrennungsgefahr!
12. Aus dem Brotlaib vorsichtig ein leicht rechteckiges Brot formen.
13. Etwas Bio-Roggenmehl Type 960 mit Wasser in einer Schüssel zu einem Brei verrühren. Dieses Gemisch auf die Oberfläche (Mitte) des Brotes streichen. Mit Bio-Sonnenblumenkernen bestreuen.
14. Wenn sich an der Oberfläche des Brotes leichte Risse gebildet haben, in die mittlere Schiene des Backofens schieben.
15. Sobald das Brot im Backofen ist, kann man die Hitze auf 185 °C reduzieren.
16. Das Brot muss sich nach der Backzeit beim Klopfen an der Unterseite „hohl" anhören, dann ist es gut durchgebacken.
17. Auf einem Küchenrost gut auskühlen lassen.

Bio-Vorschussbrot

Knetzeit:
8 Minuten langsam
2 Minuten etwas intensiver
GESAMT 10 Minuten

Teigruhe nach dem Kneten:
30 Minuten

Gehzeit nach dem Aufarbeiten:
ca. 30 Minuten

Backzeit:
50–55 Minuten bei 250 °C fallend auf 185 °C

Zutaten für 1 Brot mit einem Ausbackgewicht von ca. 1000 g

470 g	Wasser (32 °C)	12 g	Salz
1 Pkg.	Trockenhefe oder ½ Würfel frische Hefe	6 g	Backprofis Bio-Gerstenmalzmehl
300 g	Bio-Roggenmehl Type 500 (Weißroggen/Vorschussmehl)	24 g	Backprofis Bio-Roggenvollkornsauerteig
300 g	Bio-Weizenmehl Type 480 Universal oder Type 1600		

Zubereitung

1. Wasser temperieren, abmessen bzw. abwiegen und die Hefe darin mit einem Schneebesen auflösen.
2. Die restlichen Zutaten einwiegen und alle Zutaten mit einem Kochlöffel kurz durchmischen.
3. Teig wie in der Anleitung beschrieben kneten.
4. Anschließend Teig auf eine leicht bemehlte Arbeitsfläche geben und zugedeckt 30 Minuten rasten lassen.
5. Mit einem feinen Sieb einen länglichen Gärkorb (1000 g) mit Bio-Roggenmehl Type 960 bestauben.
6. Brotteig nach der Teigruhe rund formen (wirken). Anschließend zu einem Wecken formen.
7. Mit dem Schluss nach oben in den gestaubten Gärkorb legen.
8. Brot mit einem Tuch abdecken und bei Raumtemperatur ca. 30 Minuten gehen lassen.
9. Den Backofen vorheizen und ein feuerfestes Gefäß in den Backofen stellen.
10. Das Brot nach der Gehzeit auf ein Backblech stürzen.
11. Mit einem Teigmesser das Brot zwei- bis dreimal quer einschneiden.
12. Eiswürfel oder Wasser in das feuerfeste Gefäß im Backofen geben. Vorsicht: Verbrennungsgefahr!
13. Brot in die mittlere Schiene des Backofens schieben.
14. Sobald das Brot im Backofen ist, kann man die Hitze auf 185 °C reduzieren.
15. Möchte man eine glatte Oberfläche, sollte man nach ca. 3–4 Minuten den Dampf aus dem Backofen entweichen lassen. Hierfür einfach kurz die Backofentür öffnen und dann wieder schließen.
16. Das Brot muss sich nach der Backzeit beim Klopfen an der Unterseite „hohl" anhören, dann ist es gut durchgebacken.
17. Auf einem Küchenrost gut auskühlen lassen.

Bio-Kraftbrot

Knetzeit:
8 Minuten langsam
2 Minuten etwas intensiver
GESAMT 10 Minuten

**Teigruhe
nach dem Kneten:**
30 Minuten

**Gehzeit
nach dem Aufarbeiten:**
ca. 30 Minuten

Backzeit:
50–55 Minuten bei 250 °C
fallend auf 185 °C

Zutaten für 1 Brot mit einem Ausbackgewicht von ca. 1000 g

50 g	Bio-Roggenschrot grob	115 g	Bio-Weizenmehl Type 480 Universal oder Type 1600
95 g	Wasser (40 °C)		
400 g	Wasser (32 °C)	12 g	Salz
1 Pkg.	Trockenhefe oder ½ Würfel frische Hefe	6 g	Backprofis Bio-Gerstenmalzmehl
70 g	Bio-Roggenvollkornmehl fein	37 g	Backprofis Bio-Roggenvollkornsauerteig
350 g	Bio-Roggenmehl Type 960	5 g	Bio-Fenchelsamen (ganz)

Zubereitung

1. Bio-Roggenschrot und Wasser abwiegen, vermengen und mindestens 3 Stunden quellen lassen.
2. Wasser temperieren, abmessen bzw. abwiegen und die Hefe darin mit einem Schneebesen auflösen.
3. Die restlichen Zutaten einwiegen und alle Zutaten mit einem Kochlöffel kurz durchmischen.
4. Teig wie in der Anleitung beschrieben kneten.
5. Anschließend Teig auf eine leicht bemehlte Arbeitsfläche geben und zugedeckt 30 Minuten rasten lassen.
6. Mit einem feinen Sieb einen runden Gärkorb (1000 g) mit Bio-Roggenmehl Type 960 bestauben.
7. Brotteig nach der Teigruhe rund formen (wirken).
8. Mit dem Schluss nach oben in den gestaubten Gärkorb legen.
9. Brot mit einem Tuch abdecken und bei Raumtemperatur ca. 30 Minuten gehen lassen.
10. Den Backofen vorheizen und ein feuerfestes Gefäß in den Backofen stellen.
11. Das Brot nach der Gehzeit auf ein Backblech stürzen.
12. Eiswürfel oder Wasser in das feuerfeste Gefäß im Backofen geben. Vorsicht: Verbrennungsgefahr!
13. Wenn sich an der Oberfläche des Brotes leichte Risse gebildet haben, in die mittlere Schiene des Backofens schieben.
14. Sobald das Brot im Backofen ist, kann man die Hitze auf 185 °C reduzieren.
15. Das Brot muss sich nach der Backzeit beim Klopfen an der Unterseite „hohl" anhören, dann ist es gut durchgebacken.
16. Auf einem Küchenrost gut auskühlen lassen.

Bio-Hausbrot

Knetzeit:
8 Minuten langsam
2 Minuten etwas intensiver
GESAMT 10 Minuten

**Teigruhe
nach dem Kneten:**
30 Minuten

**Gehzeit
nach dem Aufarbeiten:**
ca. 30 Minuten

Backzeit:
50–55 Minuten bei 250 °C
fallend auf 185 °C

Zutaten für 1 Brot mit einem Ausbackgewicht von ca. 1000 g

470 g	Wasser (32 °C)	12 g	Salz
1 Pkg.	Trockenhefe oder ½ Würfel frische Hefe	6 g	Backprofis Bio-Gerstenmalzmehl
300 g	Bio-Roggenmehl Type 960	24 g	Backprofis Bio-Roggenvollkornsauerteig
300 g	Bio-Weizenmehl Type 480 Universal oder Type 1600	12 g	Backprofis Bio-Brotgewürz

Zubereitung

1. Wasser temperieren, abmessen bzw. abwiegen und die Hefe darin mit einem Schneebesen auflösen.
2. Die restlichen Zutaten einwiegen und alle Zutaten mit einem Kochlöffel kurz durchmischen.
3. Teig wie in der Anleitung beschrieben kneten.
4. Anschließend Teig auf eine leicht bemehlte Arbeitsfläche geben und zugedeckt 30 Minuten rasten lassen.
5. Mit einem feinen Sieb einen runden Gärkorb (1000 g) mit Bio-Roggenmehl Type 960 bestauben.
6. Brotteig nach der Teigruhe rund formen (wirken).
7. Mit dem Schluss nach oben in den gestaubten Gärkorb legen.
8. Brot mit einem Tuch abdecken und bei Raumtemperatur ca. 30 Minuten gehen lassen.
9. Den Backofen vorheizen und ein feuerfestes Gefäß in den Backofen stellen.
10. Das Brot nach der Gehzeit auf ein Backblech stürzen.
11. Eiswürfel oder Wasser in das feuerfeste Gefäß im Backofen geben. Vorsicht: Verbrennungsgefahr!
12. Das Mehl von der Oberfläche des Brotes abkehren bzw. abbürsten.
13. Nun das Brot mit Wasser bestreichen, mit einer dicken Nadel viele Löcher in das Brot stechen.
14. Das Brot in die mittlere Schiene des Backofens schieben.
15. Sobald das Brot im Backofen ist, kann man die Hitze auf 185 °C reduzieren.
16. Nach 3–4 Minuten die Backofentür kurz öffnen, damit der Dampf entweichen kann und das Brot eine glatte Oberfläche bekommt.
17. Das Brot muss sich nach der Backzeit beim Klopfen an der Unterseite „hohl" anhören, dann ist es gut durchgebacken.
18. Auf einem Küchenrost gut auskühlen lassen.

Ofners Bio-Doppellaib

Knetzeit:
8 Minuten langsam
2 Minuten etwas intensiver
GESAMT 10 Minuten

Teigruhe nach dem Kneten:
30 Minuten

Gehzeit nach dem Aufarbeiten:
ca. 30 Minuten

Backzeit:
ca. 90–95 Minuten bei
250 °C fallend auf 180 °C

Zutaten für 1 Brot mit einem Ausbackgewicht von ca. 2000 g

930 g	Wasser (32 °C)	23 g	Salz
2 Pkg.	Trockenhefe oder ein Würfel frische Hefe	10 g	Backprofis Bio-Gerstenmalzmehl
235 g	Bio-Roggenvollkornmehl fein	65 g	Backprofis Bio-Roggenvollkornsauerteig
580 g	Bio-Roggenmehl Type 960	20 g	Bio-Fenchelsamen (gemahlen)
350 g	Bio-Weizenmehl Type 480 Universal oder Type 1600	12 g	Bio-Koriander (gemahlen)

Zubereitung

1. Wasser temperieren, abmessen bzw. abwiegen und die Hefe darin mit einem Schneebesen auflösen.
2. Die restlichen Zutaten einwiegen und alle Zutaten mit einem Kochlöffel kurz durchmischen.
3. Teig wie in der Anleitung beschrieben kneten.
4. Anschließend Teig auf eine leicht bemehlte Arbeitsfläche geben und zugedeckt 30 Minuten rasten lassen.
5. Mit einem feinen Sieb einen runden Gärkorb (2000 g) mit Bio-Roggenmehl Type 960 bestauben.
6. Brotteig nach der Teigruhe rund formen (wirken).
7. Mit dem Schluss nach oben in den gestaubten Gärkorb legen.
8. Brot mit einem Tuch abdecken und bei Raumtemperatur ca. 30 Minuten gehen lassen.
9. Den Backofen vorheizen und ein feuerfestes Gefäß in den Backofen stellen.
10. Das Brot nach der Gehzeit auf ein Backblech stürzen.
11. Eiswürfel oder Wasser in das feuerfeste Gefäß im Backofen geben. Vorsicht: Verbrennungsgefahr!
12. Wenn sich an der Oberfläche des Brotes leichte Risse gebildet haben, mit einer dicken Nadel einige Löcher in den Brotlaib stechen und in die mittlere Schiene des Backofens schieben.
13. Sobald das Brot im Backofen ist, kann man die Hitze auf 180 °C reduzieren.
14. Das Brot muss sich nach der Backzeit beim Klopfen an der Unterseite „hohl" anhören, dann ist es gut durchgebacken.
15. Auf einem Küchenrost gut auskühlen lassen.

Bio-Vollkornbrote
& Bio-Schrotbrote

Kapitel 2

Bio-Einkorn-Dinkel-Kraftbrot

Knetzeit:
4 Minuten langsam
3 Minuten etwas intensiver
GESAMT 7 Minuten

Teigruhe nach dem Kneten:
20 Minuten

Gehzeit nach dem Aufarbeiten:
ca. 30 Minuten

Backzeit:
45–50 Minuten bei 240 °C fallend auf 180 °C

Zutaten für 1 Brot mit einem Ausbackgewicht von ca. 1000 g

420 g	Wasser (30 °C)	12 g	Backprofis Bio-Roggenvollkornsauerteig
1 Pkg.	Trockenhefe oder ½ Würfel frische Hefe	45 g	Bio-Dinkelflocken
420 g	Bio-Einkornvollkornmehl	12 g	Bio-Kürbiskerne
165 g	Bio-Dinkelmehl Type 700 glatt	18 g	Bio-Sonnenblumenkerne
12 g	Salz		Bio-Dinkelflocken zum Bestreuen
6 g	Backprofis Bio-Gerstenmalzmehl		

Zubereitung

1. Wasser temperieren, abmessen bzw. abwiegen und die Hefe darin mit einem Schneebesen auflösen.
2. Die restlichen Zutaten einwiegen und alle Zutaten mit einem Kochlöffel kurz durchmischen.
3. Teig wie in der Anleitung beschrieben kneten.
4. Anschließend Teig auf eine leicht bemehlte Arbeitsfläche geben und zugedeckt 20 Minuten rasten lassen.
5. Mit einem feinen Sieb einen runden Gärkorb (1000 g) mit Bio-Roggenmehl Type 960 bestauben.
6. Brotteig nach der Teigruhe rund formen (wirken).
7. Oberfläche mit Wasser befeuchten und mit Bio-Dinkelflocken bestreuen.
8. Mit dem Schluss nach oben in den gestaubten Gärkorb legen.
9. Brot mit einem Tuch abdecken und bei Raumtemperatur ca. 30 Minuten gehen lassen.
10. Den Backofen vorheizen und ein feuerfestes Gefäß in den Backofen stellen.
11. Das Brot nach der Gehzeit auf ein Backblech stürzen.
12. Eiswürfel oder Wasser in das feuerfeste Gefäß im Backofen geben. Vorsicht: Verbrennungsgefahr!
13. Sobald das Brot im Backofen ist, kann man die Hitze auf 180 °C reduzieren.
14. Das Brot muss sich nach der Backzeit beim Klopfen an der Unterseite „hohl" anhören, dann ist es gut durchgebacken.
15. Auf einem Küchenrost gut auskühlen lassen.

Bio-Roggenschrotbrot

Knetzeit:
8 Minuten langsam
2 Minuten etwas intensiver
GESAMT 10 Minuten

**Teigruhe
nach dem Kneten:**
30 Minuten

**Gehzeit
nach dem Aufarbeiten:**
ca. 30 Minuten

Backzeit:
50–55 Minuten bei 250 °C
fallend auf 185 °C

Zutaten für 1 Brot mit einem Ausbackgewicht von ca. 1000 g

505 g	Wasser (32 °C)	6 g	Backprofis Bio-Gerstenmalzmehl
1 Pkg.	Trockenhefe oder ½ Würfel frische Hefe	58 g	Backprofis Bio-Roggenvollkornsauerteig
515 g	Bio-Roggenschrot fein	10 g	Backprofis Bio-Brotgewürz
55 g	Bio-Roggenmehl Type 960		
12 g	Salz		

Zubereitung

1. Wasser temperieren, abmessen bzw. abwiegen und die Hefe darin mit einem Schneebesen auflösen.
2. Die restlichen Zutaten einwiegen und alle Zutaten mit einem Kochlöffel kurz durchmischen.
3. Teig wie in der Anleitung beschrieben kneten.
4. Anschließend Teig auf eine leicht bemehlte Arbeitsfläche geben und zugedeckt 30 Minuten rasten lassen.
5. Brotteig nach der Teigruhe rund formen (wirken). Anschließend zu einem Wecken formen.
6. Mit dem Schluss nach unten in eine mit Backpapier ausgelegte Kastenform legen.
7. Oberfläche des Brotes mit einem feinen Sieb stark mit Bio-Roggenmehl Type 960 bemehlen.
8. Brot mit einem Tuch abdecken und bei Raumtemperatur ca. 30 Minuten gehen lassen.
9. Den Backofen vorheizen und ein feuerfestes Gefäß in den Backofen stellen.
10. Eiswürfel oder Wasser in das feuerfeste Gefäß im Backofen geben. Vorsicht: Verbrennungsgefahr!
11. Wenn sich an der Oberfläche des Kastenbrotes leichte Risse gebildet haben, in die mittlere Schiene des Backofens schieben.
12. Sobald das Brot im Backofen ist, kann man die Hitze auf 185 °C reduzieren.
13. 10–15 Minuten vor Backende das Brot aus der Kastenform stürzen und ohne Form fertig backen.
14. Das Brot muss sich nach der Backzeit beim Klopfen an der Unterseite „hohl" anhören, dann ist es gut durchgebacken.
15. Auf einem Küchenrost gut auskühlen lassen.

Bio-Grahambrot

Knetzeit:
4 Minuten langsam
4 Minuten etwas intensiver
GESAMT 8 Minuten

Teigruhe nach dem Kneten:
30 Minuten

Gehzeit nach dem Aufarbeiten:
ca. 30 Minuten

Backzeit:
50–55 Minuten bei 250 °C fallend auf 185 °C

Zutaten für 1 Brot mit einem Ausbackgewicht von ca. 1000 g

475 g	Wasser (30 °C)	6 g	Backprofis Bio-Gerstenmalzmehl
1 Pkg.	Trockenhefe oder ½ Würfel frische Hefe	12 g	Backprofis Bio-Roggenvollkornsauerteig
305 g	Bio-Grahamschrot	2 g	Bio-Fenchelsamen (gemahlen)
60 g	Bio-Roggenmehl Type 960		
245 g	Bio-Weizenmehl Type 480 Universal oder Type 1600	2 g	Bio-Anis (ganz)
12 g	Salz		

Zubereitung

1. Wasser temperieren, abmessen bzw. abwiegen und die Hefe darin mit einem Schneebesen auflösen.
2. Die restlichen Zutaten einwiegen und alle Zutaten mit einem Kochlöffel kurz durchmischen.
3. Teig wie in der Anleitung beschrieben kneten.
4. Anschließend Teig auf eine leicht bemehlte Arbeitsfläche geben und zugedeckt 30 Minuten rasten lassen.
5. Mit einem feinen Sieb einen runden Gärkorb (1000 g) mit Bio-Grahamschrot bemehlen.
6. Brotteig nach der Teigruhe rund formen (wirken).
7. Mit dem Schluss nach oben in den gestaubten Gärkorb legen.
8. Brot mit einem Tuch abdecken und bei Raumtemperatur ca. 30 Minuten gehen lassen.
9. Den Backofen vorheizen und ein feuerfestes Gefäß in den Backofen stellen.
10. Das Brot nach der Gehzeit auf ein Backblech stürzen.
11. Eiswürfel oder Wasser in das feuerfeste Gefäß im Backofen geben. Vorsicht: Verbrennungsgefahr!
12. Mit einem Teigmesser das Brot kreuzförmig einschneiden und in den Backofen schieben.
13. Sobald das Brot im Backofen ist, kann man die Hitze auf 185 °C reduzieren.
14. Das Brot muss sich nach der Backzeit beim Klopfen an der Unterseite „hohl" anhören, dann ist es gut durchgebacken.
15. Auf einem Küchenrost gut auskühlen lassen.

Bio-Dinkel-Braunhirse-Vollkornbrot

Knetzeit:
4 Minuten langsam
3 Minuten etwas intensiver
GESAMT 7 Minuten

Teigruhe nach dem Kneten:
30 Minuten

Gehzeit nach dem Aufarbeiten:
ca. 30 Minuten

Backzeit:
45 Minuten bei 240 °C
fallend auf 180 °C

Zutaten für 1 Brot mit einem Ausbackgewicht von ca. 1000 g

380 g	Wasser (30 °C)	12 g	Salz
1 Pkg.	Trockenhefe oder ½ Würfel frische Hefe	6 g	Backprofis Bio-Gerstenmalzmehl
450 g	Bio-Dinkelmehl Type 700 glatt	12 g	Backprofis Bio-Roggenvollkornsauerteig
150 g	Bio-Braunhirsevollkornmehl	50 g	Bio-Sonnenblumenkerne
		50 g	Bio-Kürbiskerne

Zubereitung

1. Wasser temperieren, abmessen bzw. abwiegen und die Hefe darin mit einem Schneebesen auflösen.
2. Die restlichen Zutaten einwiegen und alle Zutaten mit einem Kochlöffel kurz durchmischen.
3. Teig wie in der Anleitung beschrieben kneten.
4. Anschließend Teig auf eine leicht bemehlte Arbeitsfläche geben und zugedeckt 30 Minuten rasten lassen.
5. Brotteig nach der Teigruhe rund formen (wirken). Anschließend zu einem Wecken formen.
6. Oberfläche mit Wasser befeuchten und mit Bio-Kürbis- und Bio-Sonnenblumenkernen bestreuen.
7. Mit dem Schluss nach unten in eine mit Backpapier ausgelegte Kastenform legen.
8. Brot mit einem Tuch abdecken und bei Raumtemperatur ca. 30 Minuten gehen lassen.
9. Den Backofen vorheizen und ein feuerfestes Gefäß in den Backofen stellen.
10. Eiswürfel oder Wasser in das feuerfeste Gefäß im Backofen geben. Vorsicht: Verbrennungsgefahr!
11. Wenn sich an der Oberfläche des Kastenbrotes leichte Risse gebildet haben, in die mittlere Schiene des Backofens schieben.
12. Sobald das Brot im Backofen ist, kann man die Hitze auf 180 °C reduzieren.
13. 10–15 Minuten vor Backende das Brot aus der Kastenform stürzen und ohne Form fertig backen.
14. Das Brot muss sich nach der Backzeit beim Klopfen an der Unterseite „hohl" anhören, dann ist es gut durchgebacken.
15. Auf einem Küchenrost gut auskühlen lassen.

Bio-Roggen-vollkornbrot 100 %

Knetzeit:
4 Minuten langsam
4 Minuten etwas intensiver
GESAMT 8 Minuten

Teigruhe nach dem Kneten:
30 Minuten

Gehzeit nach dem Aufarbeiten:
ca. 30 Minuten

Backzeit:
50–55 Minuten bei 240 °C fallend auf 185 °C

Zutaten für 1 Brot mit einem Ausbackgewicht von ca. 1000 g

460 g	Wasser (32 °C)	6 g	Backprofis Bio-Gerstenmalzmehl
1 Pkg.	Trockenhefe oder ½ Würfel frische Hefe	58 g	Backprofis Bio-Roggenvollkornsauerteig
575 g	Bio-Roggenvollkornmehl fein	2 g	Bio-Fenchelsamen (ganz)
12 g	Salz	3 g	Bio-Anis (ganz)

Zubereitung

1. Wasser temperieren, abmessen bzw. abwiegen und die Hefe darin mit einem Schneebesen auflösen.
2. Die restlichen Zutaten einwiegen und alle Zutaten mit einem Kochlöffel kurz durchmischen.
3. Teig wie in der Anleitung beschrieben kneten.
4. Anschließend Teig auf eine leicht bemehlte Arbeitsfläche geben und zugedeckt 30 Minuten rasten lassen.
5. Brotteig nach der Teigruhe rund formen (wirken). Anschließend zu einem Wecken formen.
6. Mit dem Schluss nach unten in eine mit Backpapier ausgelegte Kastenform legen.
7. Oberfläche des Brotes mit einem feinen Sieb stark mit Bio-Roggenvollkornmehl bemehlen.
8. Brot mit einem Tuch abdecken und bei Raumtemperatur ca. 30 Minuten gehen lassen.
9. Den Backofen vorheizen und ein feuerfestes Gefäß in den Backofen stellen.
10. Eiswürfel oder Wasser in das feuerfeste Gefäß im Backofen geben. Vorsicht: Verbrennungsgefahr!
11. Wenn sich an der Oberfläche des Kastenbrotes leichte Risse gebildet haben, in die mittlere Schiene des Backofens schieben.
12. Sobald das Brot im Backofen ist, kann man die Hitze auf 185 °C reduzieren.
13. 10–15 Minuten vor Backende das Brot aus der Kastenform stürzen und ohne Form fertig backen.
14. Das Brot muss sich nach der Backzeit beim Klopfen an der Unterseite „hohl" anhören, dann ist es gut durchgebacken.
15. Auf einem Küchenrost gut auskühlen lassen.

Bio-Roggen-Dinkel-Vollkornbrot

Knetzeit:
4 Minuten langsam
3 Minuten etwas intensiver
GESAMT 7 Minuten

Teigruhe nach dem Kneten:
20 Minuten

Gehzeit nach dem Aufarbeiten:
ca. 30 Minuten

Backzeit:
50 Minuten bei 240 °C fallend auf 180 °C

Zutaten für 1 Brot mit einem Ausbackgewicht von ca. 1000 g

450 g	Wasser (32 °C)	27 g	Backprofis Bio-Roggenvollkornsauerteig
1 Pkg.	Trockenhefe oder ½ Würfel frische Hefe	17 g	Bio-Leinsamen
250 g	Bio-Roggenvollkornmehl fein	12 g	Bio-Kürbiskerne
85 g	Bio-Roggenschrot grob	12 g	Bio-Sesam
225 g	Bio-Dinkelvollkornmehl fein	17 g	Bio-Sonnenblumenkerne
12 g	Salz		
6 g	Backprofis Bio-Gerstenmalzmehl		

Bio-Leinsamen und Bio-Sesam zum Bestreuen

Zubereitung

1. Wasser temperieren, abmessen bzw. abwiegen und die Hefe darin mit einem Schneebesen auflösen.
2. Die restlichen Zutaten einwiegen und alle Zutaten mit einem Kochlöffel kurz durchmischen.
3. Teig wie in der Anleitung beschrieben kneten.
4. Anschließend Teig auf eine leicht bemehlte Arbeitsfläche geben und zugedeckt 20 Minuten rasten lassen.
5. Mit einem feinen Sieb einen länglichen Gärkorb (1000 g) mit Bio-Roggenmehl Type 960 bestauben.
6. Brotteig nach der Teigruhe rund formen (wirken). Anschließend zu einem Wecken formen.
7. Oberfläche mit Wasser befeuchten und mit einer Mischung aus Bio-Leinsamen und Bio-Sesam bestreuen.
8. Mit dem Schluss nach oben in den gestaubten Gärkorb legen.
9. Brot mit einem Tuch abdecken und bei Raumtemperatur ca. 30 Minuten gehen lassen.
10. Den Backofen vorheizen und ein feuerfestes Gefäß in den Backofen stellen.
11. Das Brot nach der Gehzeit auf ein Backblech stürzen.
12. Eiswürfel oder Wasser in das feuerfeste Gefäß im Backofen geben. Vorsicht: Verbrennungsgefahr!
13. Wenn sich an der Oberfläche des Brotes leichte Risse gebildet haben, in die mittlere Schiene des Backofens schieben.
14. Sobald das Brot im Backofen ist, kann man die Hitze auf 180 °C reduzieren.
15. Das Brot muss sich nach der Backzeit beim Klopfen an der Unterseite „hohl" anhören, dann ist es gut durchgebacken.
16. Auf einem Küchenrost gut auskühlen lassen.

Bio-Urgetreide-brote

Kapitel 3

Bio-Dinkel-Buchweizen-Brot

Knetzeit:
4 Minuten langsam
4 Minuten etwas intensiver
GESAMT 8 Minuten

Teigruhe nach dem Kneten:
20 Minuten

Gehzeit nach dem Aufarbeiten:
ca. 30 Minuten

Backzeit:
45–50 Minuten bei 240 °C fallend auf 185 °C

Zutaten für 1 Brot mit einem Ausbackgewicht von ca. 1000 g

410 g	Wasser (32 °C)	12 g	Backprofis Bio-Roggenvollkornsauerteig
1 Pkg.	Trockenhefe oder ½ Würfel frische Hefe	30 g	Bio-Leinsamen
545 g	Bio-Dinkelvollkornmehl fein	8 g	Bio-Sesam
40 g	Bio-Buchweizenmehl	20 g	Bio-Sonnenblumenkerne
12 g	Salz	18 g	Bio-Anis (ganz)
6 g	Backprofis Bio-Gerstenmalzmehl		

Zubereitung

1. Wasser temperieren, abmessen bzw. abwiegen und die Hefe darin mit einem Schneebesen auflösen.
2. Die restlichen Zutaten einwiegen und alle Zutaten mit einem Kochlöffel kurz durchmischen.
3. Teig wie in der Anleitung beschrieben kneten.
4. Anschließend Teig auf eine leicht bemehlte Arbeitsfläche geben und zugedeckt 20 Minuten rasten lassen.
5. Mit einem feinen Sieb einen runden Gärkorb (1000 g) mit Bio-Roggenmehl Type 960 bestauben.
6. Brotteig nach der Teigruhe rund formen (wirken).
7. Mit dem Schluss nach oben in den gestaubten Gärkorb legen.
8. Brot mit einem Tuch abdecken und bei Raumtemperatur ca. 30 Minuten gehen lassen.
9. Den Backofen vorheizen und ein feuerfestes Gefäß in den Backofen stellen.
10. Das Brot nach der Gehzeit auf ein Backblech stürzen.
11. Eiswürfel oder Wasser in das feuerfeste Gefäß im Backofen geben. Vorsicht: Verbrennungsgefahr!
12. Wenn sich an der Oberfläche des Brotes leichte Risse gebildet haben, in die mittlere Schiene des Backofens schieben.
13. Sobald das Brot im Backofen ist, kann man die Hitze auf 185 °C reduzieren.
14. Das Brot muss sich nach der Backzeit beim Klopfen an der Unterseite „hohl" anhören, dann ist es gut durchgebacken.
15. Auf einem Küchenrost gut auskühlen lassen.

Bio-Urgetreidebrot

Knetzeit:
4 Minuten langsam
4 Minuten etwas intensiver
GESAMT 8 Minuten

Teigruhe nach dem Kneten:
20 Minuten

Gehzeit nach dem Aufarbeiten:
ca. 30 Minuten

Backzeit:
50 Minuten bei 240 °C
fallend auf 180 °C

Zutaten für 1 Brot mit einem Ausbackgewicht von ca. 1000 g

440 g	Wasser (32 °C)	12 g	Salz
1 Pkg.	Trockenhefe oder ½ Würfel frische Hefe	10 g	Backprofis Bio-Gerstenmalzmehl
125 g	Bio-Kamutweizenvollkornmehl	12 g	Backprofis Bio-Roggenvollkornsauerteig
190 g	Bio-Einkornvollkornmehl	6 g	Backprofis Bio-Brotgewürz
315 g	Bio-Dinkelmehl Type 700 Universal		

Zubereitung

1. Wasser temperieren, abmessen bzw. abwiegen und die Hefe darin mit einem Schneebesen auflösen.
2. Die restlichen Zutaten einwiegen und alle Zutaten mit einem Kochlöffel kurz durchmischen.
3. Teig wie in der Anleitung beschrieben kneten.
4. Anschließend Teig auf eine leicht bemehlte Arbeitsfläche geben und zugedeckt 20 Minuten rasten lassen.
5. Brotteig nach der Teigruhe rund formen (wirken). Anschließend zu einem Wecken formen.
6. Mit dem Schluss nach unten in eine mit Backpapier ausgelegte Kastenform legen.
7. Oberfläche des Brotes mit einem feinen Sieb stark mit Bio-Roggenmehl Type 960 bemehlen.
8. Brot mit einem Tuch abdecken und bei Raumtemperatur ca. 30 Minuten gehen lassen.
9. Den Backofen vorheizen und ein feuerfestes Gefäß in den Backofen stellen.
10. Eiswürfel oder Wasser in das feuerfeste Gefäß im Backofen geben. Vorsicht: Verbrennungsgefahr!
11. Wenn sich an der Oberfläche des Kastenbrotes leichte Risse gebildet haben, in die mittlere Schiene des Backofens schieben.
12. Sobald das Brot im Backofen ist, kann man die Hitze auf 180 °C reduzieren.
13. 10–15 Minuten vor Backende das Brot aus der Kastenform stürzen und ohne Form fertig backen.
14. Das Brot muss sich nach der Backzeit beim Klopfen an der Unterseite „hohl" anhören, dann ist es gut durchgebacken.
15. Auf einem Küchenrost gut auskühlen lassen.

Bio-PurPur-weizen-Dinkel-Mohn-Brot

Knetzeit:
4 Minuten langsam
3 Minuten etwas intensiver
GESAMT 7 Minuten

Teigruhe nach dem Kneten:
30 Minuten

Gehzeit nach dem Aufarbeiten:
ca. 25 Minuten

Backzeit:
50–55 Minuten bei 240 °C fallend auf 185 °C

Zutaten für 1 Brot mit einem Ausbackgewicht von ca. 1000 g

410 g	Wasser (32 °C)	12 g	Salz
1 Pkg.	Trockenhefe oder ½ Würfel frische Hefe	6 g	Backprofis Bio-Gerstenmalzmehl
300 g	Bio-PurPurweizen-vollkornmehl	15 g	Backprofis Bio-Roggenvollkornsauerteig
300 g	Bio-Dinkelmehl Type 700 glatt	60 g	Bio-Graumohn
		Bio-Graumohn zum Wälzen	

Zubereitung

1. Wasser temperieren, abmessen bzw. abwiegen und die Hefe darin mit einem Schneebesen auflösen.
2. Die restlichen Zutaten einwiegen und alle Zutaten mit einem Kochlöffel kurz durchmischen.
3. Teig wie in der Anleitung beschrieben kneten.
4. Anschließend Teig auf eine leicht bemehlte Arbeitsfläche geben und zugedeckt 30 Minuten rasten lassen.
5. Mit einem feinen Sieb einen länglichen Gärkorb (1000 g) mit Bio-Roggenmehl Type 960 bestauben.
6. Brotteig nach der Teigruhe rund formen (wirken). Anschließend zu einem Wecken formen.
7. Oberfläche mit Wasser befeuchten und in Bio-Graumohn wälzen.
8. Mit dem Schluss nach oben in den gestaubten Gärkorb legen.
9. Brot mit einem Tuch abdecken und bei Raumtemperatur ca. 25 Minuten gehen lassen.
10. Den Backofen vorheizen und ein feuerfestes Gefäß in den Backofen stellen.
11. Das Brot nach der Gehzeit auf ein Backblech stürzen.
12. Eiswürfel oder Wasser in das feuerfeste Gefäß im Backofen geben. Vorsicht: Verbrennungsgefahr!
13. Wenn sich an der Oberfläche des Brotes leichte Risse gebildet haben, in die mittlere Schiene des Backofens schieben.
14. Sobald das Brot im Backofen ist, kann man die Hitze auf 185 °C reduzieren.
15. Möchte man eine glatte Oberfläche, sollte man nach ca. 3–4 Minuten den Dampf aus dem Backofen entweichen lassen. Hierfür einfach kurz die Backofentür öffnen und dann wieder schließen.
16. Das Brot muss sich nach der Backzeit beim Klopfen an der Unterseite „hohl" anhören, dann ist es gut durchgebacken.
17. Auf einem Küchenrost gut auskühlen lassen.

Bio-Kamutweizen-Naturbrot

Knetzeit:
4 Minuten langsam
3 Minuten etwas intensiver
GESAMT 7 Minuten

**Teigruhe
nach dem Kneten:**
20 Minuten

**Gehzeit
nach dem Aufarbeiten:**
ca. 30 Minuten

Backzeit:
45–50 Minuten bei 240 °C
fallend auf 180 °C

Zutaten für 1 Brot mit einem Ausbackgewicht von ca. 1000 g

460 g	Wasser (30 °C)	10 g	Backprofis Bio-Gerstenmalzmehl
1 Pkg.	Trockenhefe oder ½ Würfel frische Hefe	9 g	Backprofis Bio-Roggenvollkornsauerteig
615 g	Bio-Kamutweizenvollkornmehl	12 g	Bio-Honig
12 g	Salz		

Zubereitung

1. Wasser temperieren, abmessen bzw. abwiegen und die Hefe darin mit einem Schneebesen auflösen.
2. Die restlichen Zutaten einwiegen und alle Zutaten mit einem Kochlöffel kurz durchmischen.
3. Teig wie in der Anleitung beschrieben kneten.
4. Anschließend Teig auf eine leicht bemehlte Arbeitsfläche geben und zugedeckt 20 Minuten rasten lassen.
5. Mit einem feinen Sieb einen länglichen Gärkorb (1000 g) mit Bio-Kamutweizenvollkornmehl bestauben.
6. Brotteig nach der Teigruhe rund formen (wirken) und zu einem länglichen Wecken formen.
7. Mit dem Schluss nach oben in den gestaubten Gärkorb legen.
8. Brot mit einem Tuch abdecken und bei Raumtemperatur ca. 30 Minuten gehen lassen.
9. Den Backofen vorheizen und ein feuerfestes Gefäß in den Backofen stellen.
10. Das Brot nach der Gehzeit auf ein Backblech stürzen.
11. Eiswürfel oder Wasser in das feuerfeste Gefäß im Backofen geben. Vorsicht: Verbrennungsgefahr!
12. Mit einem Teigmesser das Brot dreimal längs einschneiden.
13. In die mittlere Schiene des Backofens schieben.
14. Sobald das Brot im Backofen ist, kann man die Hitze auf 180 °C reduzieren.
15. Das Brot muss sich nach der Backzeit beim Klopfen an der Unterseite „hohl" anhören, dann ist es gut durchgebacken.
16. Auf einem Küchenrost gut auskühlen lassen.

Bio-Kamutweizen-Gewürzkastenbrot

Knetzeit:
4 Minuten langsam
4 Minuten etwas intensiver
GESAMT 8 Minuten

**Teigruhe
nach dem Kneten:**
20 Minuten

**Gehzeit
nach dem Aufarbeiten:**
ca. 30 Minuten

Backzeit:
50 Minuten bei 240 °C
fallend auf 180 °C

Zutaten für 1 Brot mit einem Ausbackgewicht von ca. 1000 g

470 g	Wasser (32 °C)	6 g	Backprofis Bio-Gerstenmalzmehl
1 Pkg.	Trockenhefe oder ½ Würfel frische Hefe	14 g	Backprofis Bio-Roggenvollkornsauerteig
420 g	Bio-Kamutweizen-vollkornmehl	3 g	Bio-Koriander (gemahlen)
180 g	Bio-Roggenmehl Type 960	3 g	Bio-Anis (ganz)
12 g	Salz	6 g	Backprofis Bio-Brotgewürz

Zubereitung

1. Wasser temperieren, abmessen bzw. abwiegen und die Hefe darin mit einem Schneebesen auflösen.
2. Die restlichen Zutaten einwiegen und alle Zutaten mit einem Kochlöffel kurz durchmischen.
3. Teig wie in der Anleitung beschrieben kneten.
4. Anschließend Teig auf eine leicht bemehlte Arbeitsfläche geben und zugedeckt 20 Minuten rasten lassen.
5. Brotteig nach der Teigruhe rund formen (wirken). Anschließend zu einem Wecken formen.
6. Mit dem Schluss nach unten in eine mit Backpapier ausgelegte Kastenform legen.
7. Oberfläche des Brotes mit einem feinen Sieb stark mit Bio-Roggenmehl Type 960 bemehlen.
8. Brot mit einem Tuch abdecken und bei Raumtemperatur ca. 30 Minuten gehen lassen.
9. Den Backofen vorheizen und ein feuerfestes Gefäß in den Backofen stellen.
10. Eiswürfel oder Wasser in das feuerfeste Gefäß im Backofen geben. Vorsicht: Verbrennungsgefahr!
11. Wenn sich an der Oberfläche des Kastenbrotes leichte Risse gebildet haben, in die mittlere Schiene des Backofens schieben.
12. Sobald das Brot im Backofen ist, kann man die Hitze auf 180 °C reduzieren.
13. 10–15 Minuten vor Backende das Brot aus der Kastenform stürzen und ohne Form fertig backen.
14. Das Brot muss sich nach der Backzeit beim Klopfen an der Unterseite „hohl" anhören, dann ist es gut durchgebacken.
15. Auf einem Küchenrost gut auskühlen lassen.

Bio-PurPur-weizen-Dinkel-Parmesan-Brot

Knetzeit:
4 Minuten langsam
3 Minuten etwas intensiver
1 Minute Parmesan unterheben
GESAMT 8 Minuten

Teigruhe nach dem Kneten:
20 Minuten

Gehzeit nach dem Aufarbeiten:
ca. 30 Minuten

Backzeit:
45–50 Minuten bei 240 °C fallend auf 180 °C

Zutaten für 1 Brot mit einem Ausbackgewicht von ca. 1000 g

90 g	Parmesan	12 g	Salz
390 g	Wasser (30 °C)	6 g	Backprofis Bio-Gerstenmalzmehl
1 Pkg.	Trockenhefe oder ½ Würfel frische Hefe	24 g	Backprofis Bio-Roggenvollkornsauerteig
230 g	Bio-PurPurweizen-vollkornmehl		
375 g	Bio-Dinkelmehl Type 700 glatt		

Zubereitung

1. Parmesan würfelig (0,5 cm x 0,5 cm) schneiden.
2. Wasser temperieren, abmessen bzw. abwiegen und die Hefe darin mit einem Schneebesen auflösen.
3. Die restlichen Zutaten einwiegen und alle Zutaten (außer Parmesan) mit einem Kochlöffel kurz durchmischen.
4. Teig wie in der Anleitung beschrieben kneten.
5. Am Ende des Knetvorganges die Parmesan-Würfel langsam unterheben.
6. Anschließend Teig auf eine leicht bemehlte Arbeitsfläche geben und zugedeckt 20 Minuten rasten lassen.
7. Mit einem feinen Sieb einen länglichen Gärkorb (1000 g) mit Bio-Roggenmehl Type 960 bestauben.
8. Brotteig nach der Teigruhe rund formen (wirken). Anschließend zu einem Wecken formen.
9. Mit dem Schluss nach oben in den gestaubten Gärkorb legen.
10. Brot mit einem Tuch abdecken und bei Raumtemperatur ca. 30 Minuten gehen lassen.
11. Den Backofen vorheizen und ein feuerfestes Gefäß in den Backofen stellen.
12. Das Brot nach der Gehzeit auf ein Backblech stürzen.
13. Mit einem Teigmesser das Brot zwei- bis dreimal quer einschneiden.
14. Eiswürfel oder Wasser in das feuerfeste Gefäß im Backofen geben. Vorsicht: Verbrennungsgefahr!
15. Brot in die mittlere Schiene des Backofens schieben.
16. Sobald das Brot im Backofen ist, kann man die Hitze auf 180 °C reduzieren.
17. Das Brot muss sich nach der Backzeit beim Klopfen an der Unterseite „hohl" anhören, dann ist es gut durchgebacken.
18. Auf einem Küchenrost gut auskühlen lassen.

Bio-Einkorn-Roggen-Brot

Knetzeit:
8 Minuten langsam
2 Minuten etwas intensiver
GESAMT 10 Minuten

Teigruhe nach dem Kneten:
20 Minuten

Gehzeit nach dem Aufarbeiten:
ca. 25 Minuten

Backzeit:
50–55 Minuten bei 250 °C
fallend auf 185 °C

Zutaten für 1 Brot mit einem Ausbackgewicht von ca. 1000 g

470 g	Wasser (32 °C)	6 g	Backprofis Bio-Gerstenmalzmehl
1 Pkg.	Trockenhefe oder ½ Würfel frische Hefe	24 g	Backprofis Bio-Roggenvollkornsauerteig
360 g	Bio-Einkorn-Vollkornmehl	3 g	Bio-Anis (ganz)
240 g	Bio-Roggenmehl Type 960	2 g	Bio-Fenchelsamen (ganz)
12 g	Salz		

Zubereitung

1. Wasser temperieren, abmessen bzw. abwiegen und die Hefe darin mit einem Schneebesen auflösen.
2. Die restlichen Zutaten einwiegen und alle Zutaten mit einem Kochlöffel kurz durchmischen.
3. Teig wie in der Anleitung beschrieben kneten.
4. Anschließend Teig auf eine leicht bemehlte Arbeitsfläche geben und zugedeckt 20 Minuten rasten lassen.
5. Mit einem feinen Sieb einen runden Gärkorb (1000 g) mit Bio-Roggenmehl Type 960 bestauben.
6. Brotteig nach der Teigruhe rund formen (wirken).
7. Mit dem Schluss nach oben in den gestaubten Gärkorb legen.
8. Brot mit einem Tuch abdecken und bei Raumtemperatur ca. 25 Minuten gehen lassen.
9. Den Backofen vorheizen und ein feuerfestes Gefäß in den Backofen stellen.
10. Das Brot nach der Gehzeit auf ein Backblech stürzen.
11. Eiswürfel oder Wasser in das feuerfeste Gefäß im Backofen geben. Vorsicht: Verbrennungsgefahr!
12. Wenn sich an der Oberfläche des Brotes leichte Risse gebildet haben, in die mittlere Schiene des Backofens schieben.
13. Sobald das Brot im Backofen ist, kann man die Hitze auf 185 °C reduzieren.
14. Das Brot muss sich nach der Backzeit beim Klopfen an der Unterseite „hohl" anhören, dann ist es gut durchgebacken.
15. Auf einem Küchenrost gut auskühlen lassen.

Spezial-brote

Kapitel 4

Bio-Zwiebelbrot

Knetzeit:
8 Minuten langsam
2 Minuten etwas intensiver
GESAMT 10 Minuten

Teigruhe nach dem Kneten:
30 Minuten

Gehzeit nach dem Aufarbeiten:
ca. 30 Minuten

Backzeit:
50–55 Minuten bei 250 °C fallend auf 185 °C

Zutaten für 1 Brot mit einem Ausbackgewicht von ca. 1000 g

450 g	Wasser (32 °C)	11 g	Salz
1 Pkg.	Trockenhefe oder ½ Würfel frische Hefe	5 g	Backprofis Bio-Gerstenmalzmehl
285 g	Bio-Roggenmehl Type 960	22 g	Backprofis Bio-Roggenvollkornsauerteig
285 g	Bio-Dinkelmehl Type 700 glatt	58 g	Bio-Röstzwiebel

Zubereitung

1. Wasser temperieren, abmessen bzw. abwiegen und die Hefe darin mit einem Schneebesen auflösen.
2. Die restlichen Zutaten einwiegen und alle Zutaten mit einem Kochlöffel kurz durchmischen.
3. Teig wie in der Anleitung beschrieben kneten.
4. Anschließend Teig auf eine leicht bemehlte Arbeitsfläche geben und zugedeckt 30 Minuten rasten lassen.
5. Mit einem feinen Sieb einen länglichen Gärkorb (1000 g) mit Bio-Roggenmehl Type 960 bestauben.
6. Brotteig nach der Teigruhe rund formen (wirken). Anschließend zu einem Wecken formen.
7. Mit dem Schluss nach oben in den gestaubten Gärkorb legen.
8. Brot mit einem Tuch abdecken und bei Raumtemperatur ca. 30 Minuten gehen lassen.
9. Den Backofen vorheizen und ein feuerfestes Gefäß in den Backofen stellen.
10. Das Brot nach der Gehzeit auf ein Backblech stürzen.
11. Mit einem Teigmesser das Brot dreimal längs einschneiden.
12. Eiswürfel oder Wasser in das feuerfeste Gefäß im Backofen geben. Vorsicht: Verbrennungsgefahr!
13. Brot in die mittlere Schiene des Backofens schieben.
14. Sobald das Brot im Backofen ist, kann man die Hitze auf 185 °C reduzieren.
15. Möchte man eine glatte Oberfläche, sollte man nach ca. 3–4 Minuten den Dampf aus dem Backofen entweichen lassen. Hierfür einfach kurz die Backofentür öffnen und dann wieder schließen.
16. Das Brot muss sich nach der Backzeit beim Klopfen an der Unterseite „hohl" anhören, dann ist es gut durchgebacken.
17. Auf einem Küchenrost gut auskühlen lassen.

Bio-Käsefladen

Knetzeit:
8 Minuten langsam
2 Minuten etwas intensiver
1 Minuten Käse unterheben
GESAMT 11 Minuten

Teigruhe nach dem Kneten:
30 Minuten

Gehzeit nach dem Aufarbeiten:
ca. 30 Minuten

Backzeit:
50–55 Minuten bei 250 °C fallend auf 185 °C

Zutaten für 1 Brot mit einem Ausbackgewicht von ca. 1000 g

150 g	Bio-Emmentaler Käse	11 g	Salz
410 g	Wasser (32 °C)	5 g	Backprofis Bio-Gerstenmalzmehl
1 Pkg.	Trockenhefe oder ½ Würfel frische Hefe	35 g	Backprofis Bio-Roggenvollkornsauerteig
425 g	Bio-Roggenmehl Type 960	8 g	Bio-Kümmel (ganz)
75 g	Bio-Weizenmehl Type 480 Universal oder Type 1600		Meersalz (grob) zum Bestreuen

Zubereitung

1. Bio-Emmentaler Käse würfelig (0,5 cm x 0,5 cm) schneiden.
2. Wasser temperieren, abmessen bzw. abwiegen und die Hefe darin mit einem Schneebesen auflösen.
3. Die restlichen Zutaten einwiegen und alle Zutaten (außer Bio-Emmentaler Käse) mit einem Kochlöffel kurz durchmischen.
4. Teig wie in der Anleitung beschrieben kneten.
5. Am Ende des Knetvorganges die Emmentaler-Käse-Würfel langsam unterheben.
6. Anschließend Teig auf eine leicht bemehlte Arbeitsfläche geben und zugedeckt 30 Minuten rasten lassen.
7. Mit einem feinen Sieb einen runden Gärkorb (1000 g) mit Bio-Roggenmehl Type 960 bestauben.
8. Brotteig nach der Teigruhe rund formen (wirken).
9. Mit dem Schluss nach oben in den gestaubten Gärkorb legen.
10. Brot mit einem Tuch abdecken und bei Raumtemperatur ca. 30 Minuten gehen lassen.
11. Den Backofen vorheizen und ein feuerfestes Gefäß in den Backofen stellen.
12. Das Brot nach der Gehzeit auf ein mit Backpapier ausgelegtes Backblech stürzen.
13. Das Brot am äußeren Rand mit Wasser befeuchten und mit Meersalz bestreuen.
14. Eiswürfel oder Wasser in das feuerfeste Gefäß im Backofen geben. Vorsicht: Verbrennungsgefahr!
15. In die mittlere Schiene des Backofens schieben.
16. Sobald das Brot im Backofen ist, kann man die Hitze auf 185 °C reduzieren.
17. Das Brot muss sich nach der Backzeit beim Klopfen an der Unterseite „hohl" anhören, dann ist es gut durchgebacken.
18. Auf einem Küchenrost gut auskühlen lassen.

Bio-Knoblauch-Sesam-Brot

Knetzeit:
8 Minuten langsam
2 Minuten etwas intensiver
GESAMT 10 Minuten

Teigruhe nach dem Kneten:
30 Minuten

Gehzeit nach dem Aufarbeiten:
ca. 30 Minuten

Backzeit:
50–55 Minuten bei 250 °C fallend auf 180 °C

Zutaten für 1 Brot mit einem Ausbackgewicht von ca. 1000 g

15 g	frischer Bio-Knoblauch	11 g	Salz
8 g	Bio-Olivenöl	5 g	Backprofis Bio-Gerstenmalzmehl
445 g	Wasser (32 °C)		
1 Pkg.	Trockenhefe oder ½ Würfel frische Hefe	31 g	Backprofis Bio-Roggenvollkornsauerteig
370 g	Bio-Roggenmehl Type 960	56 g	Bio-Sesam
200 g	Bio-Weizenmehl Type 480 Universal oder Type 1600		Bio-Sesam zum Wälzen

Zubereitung

1. Bio-Knoblauch fein hacken und mit Bio-Olivenöl vermengen, kurz ziehen lassen.
2. Wasser temperieren, abmessen bzw. abwiegen und die Hefe darin mit einem Schneebesen auflösen.
3. Die restlichen Zutaten einwiegen und alle Zutaten mit einem Kochlöffel kurz durchmischen
4. Teig wie in der Anleitung beschrieben kneten.
5. Anschließend Teig auf eine leicht bemehlte Arbeitsfläche geben und zugedeckt 30 Minuten rasten lassen.
6. Brotteig nach der Teigruhe auf eine stark bemehlte Arbeitsfläche geben, rund formen (wirken) und zu einem länglichen Wecken formen.
7. Mit beiden Händen zu einer ca. 40 cm langen Wurst rollen.
8. Mit Wasser befeuchten und in Bio-Sesam wälzen.
9. Die beiden Enden übereinander legen, auf ein Backblech legen und zu einem Ring formen.
10. Mit einem feinen Sieb leicht mit Bio-Roggenmehl Type 960 bestauben.
11. Brot mit einem Tuch abdecken und bei Raumtemperatur ca. 30 Minuten gehen lassen.
12. Den Backofen vorheizen und ein feuerfestes Gefäß in den Backofen stellen.
13. Eiswürfel oder Wasser in das feuerfeste Gefäß im Backofen geben. Vorsicht: Verbrennungsgefahr!
14. Wenn sich an der Oberfläche des Brotes leichte Risse gebildet haben, mit einem Teigmesser das Brot viermal quer einschneiden und in die mittlere Schiene des Backofens schieben.
15. Sobald das Brot im Backofen ist, kann man die Hitze auf 180 °C reduzieren.
16. Das Brot muss sich nach der Backzeit beim Klopfen an der Unterseite „hohl" anhören, dann ist es gut durchgebacken.
17. Auf einem Küchenrost gut auskühlen lassen.

Bio-Karotten-Walnuss-Brot

Knetzeit:
8 Minuten langsam
2 Minuten etwas intensiver
1 Minute Bio-Karotten und Bio-Walnüsse unterheben
GESAMT 11 Minuten

Teigruhe nach dem Kneten:
30 Minuten

Gehzeit nach dem Aufarbeiten:
ca. 30 Minuten

Backzeit:
50–55 Minuten bei 250 °C fallend auf 185 °C

Zutaten für 1 Brot mit einem Ausbackgewicht von ca. 1000 g

420 g	Wasser (32 °C)	30 g	Backprofis Bio-Roggenvollkornsauerteig
1 Pkg.	Trockenhefe oder ½ Würfel frische Hefe	80 g	Bio-Karotten
365 g	Bio-Roggenmehl Type 960	80 g	Bio-Walnüsse
160 g	Bio-Dinkelmehl Type 700 glatt		Bio-Sesam und Bio-Leinsamen zum Bestreuen
11 g	Salz		
5 g	Backprofis Bio-Gerstenmalzmehl		

Zubereitung

1. Bio-Karotten grob raspeln. Bio-Walnüsse hacken. Beides in einer Schüssel bereitstellen.
2. Wasser temperieren, abmessen bzw. abwiegen und die Hefe darin mit einem Schneebesen auflösen.
3. Die restlichen Zutaten einwiegen und alle Zutaten (außer Bio-Karotten und Bio-Walnüsse) mit einem Kochlöffel kurz durchmischen.
4. Teig wie in der Anleitung beschrieben kneten.
5. Am Ende des Knetvorgangs die Bio-Karotten und die Bio-Walnüsse langsam unterheben.
6. Anschließend Teig auf eine leicht bemehlte Arbeitsfläche geben und zugedeckt 30 Minuten rasten lassen.
7. Brotteig nach der Teigruhe rund formen (wirken). Anschließend zu einem Wecken formen.
8. Oberfläche mit Wasser befeuchten, mit Bio-Sesam und Bio-Leinsamen bestreuen.
9. Mit dem Schluss nach unten in eine mit Backpapier ausgelegte Kastenform legen.
10. Brot mit einem Tuch abdecken und bei Raumtemperatur ca. 30 Minuten gehen lassen.
11. Den Backofen vorheizen und ein feuerfestes Gefäß in den Backofen stellen.
12. Eiswürfel oder Wasser in das feuerfeste Gefäß im Backofen geben. Vorsicht: Verbrennungsgefahr!
13. In die mittlere Schiene des Backofens schieben.
14. Sobald das Brot im Backofen ist, kann man die Hitze auf 185 °C reduzieren.
15. 10 Minuten vor Backende das Brot aus der Kastenform stürzen und ohne Form fertig backen.
16. Das Brot muss sich nach der Backzeit beim Klopfen an der Unterseite „hohl" anhören, dann ist es gut durchgebacken.
17. Auf einem Küchenrost gut auskühlen lassen.

Bio-Dinkel-Schnittlauch-Brot

Knetzeit:
4 Minuten langsam
3 Minuten etwas intensiver
GESAMT 7 Minuten

Teigruhe nach dem Kneten:
20 Minuten

Gehzeit nach dem Aufarbeiten:
ca. 30 Minuten

Backzeit:
50 Minuten bei 240 °C fallend auf 190 °C

Zutaten für 1 Brot mit einem Ausbackgewicht von ca. 1000 g

365 g	Wasser (26 °C)	6 g	Backprofis Bio-Gerstenmalzmehl
25 g	Bio-Olivenöl	50 g	Bio-Sonnenblumenkerne
1 Pkg.	Trockenhefe oder ½ Würfel frische Hefe	10 g	frischer Bio-Schnittlauch (fein gehackt)
650 g	Bio-Dinkelmehl glatt Type 700		Bio-Sonnenblumenkernen zum Bestreuen
12 g	Salz		

Zubereitung

1. Wasser temperieren, abmessen bzw. abwiegen und die Hefe darin mit einem Schneebesen auflösen.
2. Die restlichen Zutaten einwiegen und alle Zutaten mit einem Kochlöffel kurz durchmischen.
3. Teig wie in der Anleitung beschrieben kneten.
4. Anschließend Teig auf eine leicht bemehlte Arbeitsfläche geben und zugedeckt 20 Minuten rasten lassen.
5. Mit einem feinen Sieb einen runden Gärkorb (1000 g) mit Bio-Roggenmehl Type 960 bestauben.
6. Brotteig nach der Teigruhe rund formen (wirken).
7. Oberfläche mit Wasser befeuchten und mit Bio-Sonnenblumenkernen bestreuen.
8. Mit dem Schluss nach oben in den gestaubten Gärkorb legen.
9. Brot mit einem Tuch abdecken und bei Raumtemperatur ca. 30 Minuten gehen lassen.
10. Den Backofen vorheizen und ein feuerfestes Gefäß in den Backofen stellen.
11. Das Brot nach der Gehzeit auf ein Backblech stürzen.
12. Eiswürfel oder Wasser in das feuerfeste Gefäß im Backofen geben. Vorsicht: Verbrennungsgefahr!
13. Wenn sich an der Oberfläche des Brotes leichte Risse gebildet haben, in die mittlere Schiene des Backofens schieben.
14. Sobald das Brot im Backofen ist, kann man die Hitze auf 190 °C reduzieren.
15. Das Brot muss sich nach der Backzeit beim Klopfen an der Unterseite „hohl" anhören, dann ist es gut durchgebacken.
16. Auf einem Küchenrost gut auskühlen lassen.

Bio-Tomaten-Rosmarin-Brot

Knetzeit:
8 Minuten langsam
2 Minuten etwas intensiver
1 Minute Tomaten unterheben
GESAMT 11 Minuten

Teigruhe nach dem Kneten:
30 Minuten

Gehzeit nach dem Aufarbeiten:
ca. 30 Minuten

Backzeit:
50–55 Minuten bei 250 °C fallend auf 185 °C

Zutaten für 1 Brot mit einem Ausbackgewicht von ca. 1000 g

130 g	Bio-Tomaten (eingelegt, ungesalzen)	11 g	Salz
400 g	Wasser (32 °C)	5 g	Backprofis Bio-Gerstenmalzmehl
15 g	Bio-Olivenöl	30 g	Backprofis Bio-Roggenvollkornsauerteig
1 Pkg.	Trockenhefe oder ½ Würfel frische Hefe	4 g	Bio-Rosmarin
375 g	Bio-Roggenmehl Type 960		
145 g	Bio-Weizenmehl Type 480 Universal oder Type 1600		

Bio-Olivenöl zum Bestreichen, Bio-Rosmarin und Meersalz (grob) zum Bestreuen

Zubereitung

1. Bio-Tomaten abtropfen, abwiegen und mit Küchenrolle abtupfen. In grobe Stücke schneiden und in einer Schüssel bereitstellen.
2. Wasser temperieren, abmessen bzw. abwiegen und die Hefe darin mit einem Schneebesen auflösen.
3. Die restlichen Zutaten einwiegen und alle Zutaten (außer Bio-Tomaten) mit einem Kochlöffel kurz durchmischen.
4. Teig wie in der Anleitung beschrieben kneten.
5. Am Ende des Knetvorgangs die Bio-Tomaten langsam unterheben.
6. Anschließend Teig auf eine leicht bemehlte Arbeitsfläche geben und zugedeckt 30 Minuten rasten lassen.
7. Mit einem feinen Sieb einen länglichen Gärkorb (1000 g) mit Bio-Roggenmehl Type 960 bestauben.
8. Brotteig nach der Teigruhe rund formen (wirken). Anschließend zu einem Wecken formen.
9. Mit dem Schluss nach oben in den gestaubten Gärkorb legen.
10. Brot mit einem Tuch abdecken und bei Raumtemperatur ca. 30 Minuten gehen lassen.
11. Den Backofen vorheizen und ein feuerfestes Gefäß in den Backofen stellen.
12. Das Brot nach der Gehzeit auf ein Backblech stürzen.
13. Eiswürfel oder Wasser in das feuerfeste Gefäß im Backofen geben. Vorsicht: Verbrennungsgefahr!
14. Das Brot in der Mitte mit Bio-Olivenöl bestreichen, mit Bio-Rosmarin und Meersalz bestreuen.
15. Brot in die mittlere Schiene des Backofens schieben.
16. Sobald das Brot im Backofen ist, kann man die Hitze auf 185 °C reduzieren.
17. Das Brot muss sich nach der Backzeit beim Klopfen an der Unterseite „hohl" anhören, dann ist es gut durchgebacken.
18. Auf einem Küchenrost gut auskühlen lassen.

Bio-Dinkel-Gartenbrot

Knetzeit:
3 Minuten langsam
4 Minuten etwas intensiver
1 Minute Bio-Erbsen und Bio-Baby-Karotten unterheben
GESAMT 8 Minuten

Teigruhe nach dem Kneten:
20 Minuten

Gehzeit nach dem Aufarbeiten:
ca. 30 Minuten

Backzeit:
50–55 Minuten bei 240 °C fallend auf 185 °C

Zutaten für 1 Brot mit einem Ausbackgewicht von ca. 1000 g

410 g	Wasser (28 °C)	8 g	Backprofis Bio-Roggenvollkornsauerteig
1 Pkg.	Trockenhefe oder ½ Würfel frische Hefe	10 g	Bio-Leinsamen
580 g	Bio-Dinkelmehl Type 700 glatt	10 g	Bio-Sonnenblumenkerne
80 g	Bio-Roggenmehl Type 960	140 g	Bio-Erbsen
12 g	Salz	70 g	Bio-Baby-Karotten
10 g	Backprofis Bio-Gerstenmalzmehl		

Zubereitung

1. Wasser temperieren, abmessen bzw. abwiegen und die Hefe darin mit einem Schneebesen auflösen.
2. Die restlichen Zutaten einwiegen und alle Zutaten (außer Bio-Erbsen und Bio-Baby-Karotten) mit einem Kochlöffel kurz durchmischen.
3. Teig wie in der Anleitung beschrieben kneten.
4. Am Ende des Knetvorgangs die Bio-Erbsen und Bio-Baby-Karotten langsam unterheben.
5. Anschließend Teig auf eine leicht bemehlte Arbeitsfläche geben und zugedeckt 20 Minuten rasten lassen.
6. Brotteig nach der Teigruhe rund formen (wirken). Anschließend zu einem Wecken formen.
7. Mit dem Schluss nach unten in eine mit Backpapier ausgelegte Kastenform legen.
8. Oberfläche mit einem feinen Sieb gut mit Bio-Roggenmehl Type 960 stauben.
9. Brot mit einem Tuch abdecken und bei Raumtemperatur ca. 30 Minuten gehen lassen.
10. Den Backofen vorheizen und ein feuerfestes Gefäß in den Backofen stellen.
11. Eiswürfel oder Wasser in das feuerfeste Gefäß im Backofen geben. Vorsicht: Verbrennungsgefahr!
12. Wenn sich an der Oberfläche des Kastenbrotes leichte Risse gebildet haben, in die mittlere Schiene des Backofens schieben. Zuvor mit einer dicken Nadel mehrere Löcher in das Kastenbrot einstechen.
13. Sobald das Brot im Backofen ist, kann man die Hitze auf 185 °C reduzieren.
14. 10 Minuten vor Backende das Brot aus der Kastenform stürzen und ohne Form fertig backen.
15. Das Brot muss sich nach der Backzeit beim Klopfen an der Unterseite „hohl" anhören, dann ist es gut durchgebacken.
16. Auf einem Küchenrost gut auskühlen lassen.

Kapitel 4 *(Spezialbrote)*

Bio-Leberkäsebrot

Knetzeit:
4 Minuten langsam
4 Minuten etwas intensiver
GESAMT 8 Minuten

Teigruhe nach dem Kneten:
20 Minuten

Gehzeit nach dem Aufarbeiten:
ca. 30 Minuten

Backzeit:
30 Minuten bei 240 °C fallend auf 180 °C

Zutaten für 1 Brot mit einem Ausbackgewicht von ca. 800 g

165 g	Wasser (32 °C)	4 g	Salz
½ Pkg.	Trockenhefe oder ¼ Würfel frische Hefe	2 g	Backprofis Bio-Gerstenmalzmehl
150 g	Bio-Roggenmehl Type 960	12 g	Backprofis Bio-Roggenvollkornsauerteig
65 g	Bio-Weizenmehl Type 480 Universal oder Type 1600	400 g	Backofen-Leberkäse

Zubereitung

1. Wasser temperieren, abmessen bzw. abwiegen und die Hefe darin mit einem Schneebesen auflösen.
2. Die restlichen Zutaten einwiegen und alle Zutaten (außer Leberkäse) mit einem Kochlöffel kurz durchmischen.
3. Teig wie in der Anleitung beschrieben kneten.
4. Anschließend Teig auf eine leicht bemehlte Arbeitsfläche geben und zugedeckt 20 Minuten rasten lassen.
5. Brotteig nach der Teigruhe zu einem Rechteck ausrollen (15 cm lang, 12 cm breit).
6. Backofen Leberkäse in die Mitte des Teigstückes legen und den Leberkäse damit von allen Seiten einschlagen bzw. umwandeln.
7. Oberfläche mit einem feinen Sieb gut mit Bio-Roggenmehl Type 960 stauben.
8. Brot mit einem Tuch abdecken und bei Raumtemperatur ca. 30 Minuten gehen lassen.
9. Den Backofen vorheizen und ein feuerfestes Gefäß in den Backofen stellen.
10. Eiswürfel oder Wasser in das feuerfeste Gefäß im Backofen geben. Vorsicht: Verbrennungsgefahr!
11. Wenn sich an der Oberfläche des Brotes leichte Risse gebildet haben, in die mittlere Schiene des Backofens schieben.
12. Sobald das Brot im Backofen ist, kann man die Hitze auf 180 °C reduzieren.
13. Das Brot muss sich nach der Backzeit beim Klopfen an der Unterseite „hohl" anhören, dann ist es gut durchgebacken.
14. Lauwarm servieren.

Kapitel 4 *(Spezialbrote)*

Bio-Grammelbrot

Knetzeit:
8 Minuten langsam
2 Minuten etwas intensiver
1 Minute Grammeln
(Grieben) unterheben
GESAMT 11 Minuten

**Teigruhe
nach dem Kneten:**
30 Minuten

**Gehzeit
nach dem Aufarbeiten:**
ca. 30 Minuten

Backzeit:
50–55 Minuten bei 250 °C
fallend auf 185 °C

Zutaten für 1 Brot mit einem Ausbackgewicht von ca. 1000 g

415 g	Wasser (32 °C)	5 g	Backprofis Bio-Gerstenmalzmehl
1 Pkg.	Trockenhefe oder ½ Würfel frische Hefe	28 g	Backprofis Bio-Roggenvollkornsauerteig
340 g	Bio-Roggenmehl Type 960	3 g	Bio-Kümmel (ganz)
180 g	Bio-Weizenmehl Type 480 Universal oder Type 1600	130 g	Bio-Grammeln (Grieben)
10 g	Salz		

Zubereitung

1. Bio-Grammeln (Grieben) abwiegen und separat in einer Schüssel bereitstellen.
2. Wasser temperieren, abmessen bzw. abwiegen und die Hefe darin mit einem Schneebesen auflösen.
3. Die restlichen Zutaten einwiegen und alle Zutaten (außer Bio-Grammeln) mit einem Kochlöffel kurz durchmischen.
4. Teig wie in der Anleitung beschrieben kneten.
5. Am Ende des Knetvorgangs die Bio-Grammeln (Grieben) langsam unterheben.
6. Anschließend Teig auf eine leicht bemehlte Arbeitsfläche geben und zugedeckt 30 Minuten rasten lassen.
7. Mit einem feinen Sieb einen länglichen Gärkorb (1000 g) mit Bio-Roggenmehl Type 960 bestauben.
8. Brotteig nach der Teigruhe rund formen (wirken). Anschließend zu einem Wecken formen.
9. Mit dem Schluss nach oben in den gestaubten Gärkorb legen.
10. Brot mit einem Tuch abdecken und bei Raumtemperatur ca. 30 Minuten gehen lassen.
11. Den Backofen vorheizen und ein feuerfestes Gefäß in den Backofen stellen.
12. Das Brot nach der Gehzeit auf ein Backblech stürzen.
13. Mit einem Teigmesser das Brot zwei- bis dreimal einschneiden.
14. Eiswürfel oder Wasser in das feuerfeste Gefäß im Backofen geben. Vorsicht: Verbrennungsgefahr!
15. Brot in die mittlere Schiene des Backofens schieben.
16. Sobald das Brot im Backofen ist, kann man die Hitze auf 185 °C reduzieren.
17. Das Brot muss sich nach der Backzeit beim Klopfen an der Unterseite „hohl" anhören, dann ist es gut durchgebacken.
18. Auf einem Küchenrost gut auskühlen lassen.

Bio-Thymian-Kraftbrot

Knetzeit:
8 Minuten langsam
2 Minuten etwas intensiver
GESAMT 10 Minuten

Teigruhe nach dem Kneten:
30 Minuten

Gehzeit nach dem Aufarbeiten:
ca. 30 Minuten

Backzeit:
50–55 Minuten bei 250 °C fallend auf 185 °C

Zutaten für 1 Brot mit einem Ausbackgewicht von ca. 1000 g

470 g	Wasser (32 °C)	11 g	Salz
1 Pkg.	Trockenhefe oder ½ Würfel frische Hefe	6 g	Backprofis Bio-Gerstenmalzmehl
250 g	Bio-Dinkelvollkornmehl fein	27 g	Backprofis Bio-Roggenvollkornsauerteig
170 g	Bio-Roggenvollkornmehl fein	12 g	Bio-Waldhonig
170 g	Bio-Roggenmehl Type 960	10 g	Bio-Thymian

Zubereitung

1. Wasser temperieren, abmessen bzw. abwiegen und die Hefe darin mit einem Schneebesen auflösen.
2. Die restlichen Zutaten einwiegen und alle Zutaten mit einem Kochlöffel kurz durchmischen.
3. Teig wie in der Anleitung beschrieben kneten.
4. Anschließend Teig auf eine leicht bemehlte Arbeitsfläche geben und zugedeckt 30 Minuten rasten lassen.
5. Mit einem feinen Sieb einen runden Gärkorb (1000 g) mit Bio-Roggenmehl Type 960 bestauben.
6. Brotteig nach der Teigruhe rund formen (wirken).
7. Mit dem Schluss nach oben in den gestaubten Gärkorb legen.
8. Brot mit einem Tuch abdecken und bei Raumtemperatur ca. 30 Minuten gehen lassen.
9. Den Backofen vorheizen und ein feuerfestes Gefäß in den Backofen stellen.
10. Das Brot nach der Gehzeit auf ein Backblech stürzen.
11. Vorsichtig zu einem leicht quadratischen Brot formen.
12. Mit einem Teigmesser das Brot vier- bis fünfmal quer einschneiden.
13. Eiswürfel oder Wasser in das feuerfeste Gefäß im Backofen geben. Vorsicht: Verbrennungsgefahr!
14. In die mittlere Schiene des Backofens schieben.
15. Sobald das Brot im Backofen ist, kann man die Hitze auf 185 °C reduzieren.
16. Das Brot muss sich nach der Backzeit beim Klopfen an der Unterseite „hohl" anhören, dann ist es gut durchgebacken.
17. Auf einem Küchenrost gut auskühlen lassen.

Bio-Lavendel-Honig-Krustenbrot

Knetzeit:
8 Minuten langsam
2 Minuten etwas intensiver
GESAMT 10 Minuten

Teigruhe nach dem Kneten:
30 Minuten

Gehzeit nach dem Aufarbeiten:
ca. 30 Minuten

Backzeit:
50–55 Minuten bei 250 °C fallend auf 185 °C

Zutaten für 1 Brot mit einem Ausbackgewicht von ca. 1000 g

455 g	Wasser (32 °C)	12 g	Backprofis Bio-Gerstenmalzmehl
1 Pkg.	Trockenhefe oder ½ Würfel frische Hefe	33 g	Backprofis Bio-Roggenvollkornsauerteig
465 g	Bio-Roggenmehl Type 960	15 g	Bio-Waldhonig
120 g	Bio-Weizenmehl Type 480 Universal oder Type 1600	3 g	Bio-Lavendel (gemahlen)
12 g	Salz		

Zubereitung

1. Wasser temperieren, abmessen bzw. abwiegen und die Hefe darin mit einem Schneebesen auflösen.
2. Die restlichen Zutaten einwiegen und alle Zutaten mit einem Kochlöffel kurz durchmischen.
3. Teig wie in der Anleitung beschrieben kneten.
4. Anschließend Teig auf eine leicht bemehlte Arbeitsfläche geben und zugedeckt 30 Minuten rasten lassen.
5. Mit einem feinen Sieb einen länglichen Gärkorb (1000 g) mit Bio-Roggenmehl Type 960 bestauben.
6. Brotteig nach der Teigruhe rund formen (wirken). Anschließend zu einem Wecken formen.
7. Mit dem Schluss nach oben in den gestaubten Gärkorb legen.
8. Brot mit einem Tuch abdecken und bei Raumtemperatur ca. 30 Minuten gehen lassen.
9. Den Backofen vorheizen und ein feuerfestes Gefäß in den Backofen stellen.
10. Das Brot nach der Gehzeit auf ein Backblech stürzen.
11. Mit einem Teigmesser das Brot zwei- bis dreimal quer einschneiden.
12. Eiswürfel oder Wasser in das feuerfeste Gefäß im Backofen geben. Vorsicht: Verbrennungsgefahr!
13. Brot in die mittlere Schiene des Backofens schieben.
14. Sobald das Brot im Backofen ist, kann man die Hitze auf 185 °C reduzieren.
15. Das Brot muss sich nach der Backzeit beim Klopfen an der Unterseite „hohl" anhören, dann ist es gut durchgebacken.
16. Auf einem Küchenrost gut auskühlen lassen.

Bio-Partybrot

Knetzeit:
6 Minuten langsam
2 Minuten etwas intensiver
GESAMT 8 Minuten

Teigruhe nach dem Kneten:
20 Minuten

Gehzeit nach dem Aufarbeiten:
ca. 30 Minuten

Backzeit:
50 Minuten bei 250 °C fallend auf 180 °C

Zutaten für 1 Brot mit einem Ausbackgewicht von ca. 1000 g

465 g	Wasser (32 °C)	6 g	Backprofis Bio-Gerstenmalzmehl
1 Pkg.	Trockenhefe oder ½ Würfel frische Hefe	34 g	Backprofis Bio-Roggenvollkornsauerteig
405 g	Bio-Roggenmehl Type 960	4 g	Bio-Kümmel (gemahlen)
95 g	Bio-Weizenmehl Type 480 Universal oder Type 1600		Meersalz (grob) und Bio-Kümmel (ganz) zum Bestreuen
95 g	Bio-Dinkelvollkornmehl fein		
12 g	Salz		

Zubereitung

1. Wasser temperieren, abmessen bzw. abwiegen und die Hefe darin mit einem Schneebesen auflösen.
2. Die restlichen Zutaten einwiegen und alle Zutaten mit einem Kochlöffel kurz durchmischen.
3. Teig wie in der Anleitung beschrieben kneten.
4. Anschließend Teig auf eine leicht bemehlte Arbeitsfläche geben und zugedeckt 20 Minuten rasten lassen.
5. Brotteig nach der Teigruhe in vier gleich große Teigstücke teilen und rund formen (wirken). Anschließend zu länglichen, kleinen Wecken formen.
6. Alle vier Teigstücke so nebeneinander auf ein Backblech legen, dass sich die Längsseiten leicht berühren.
7. Mit einem feinen Sieb ganz leicht mit Bio-Roggenmehl Type 960 bestauben.
8. Brot mit einem Tuch abdecken und bei Raumtemperatur ca. 30 Minuten gehen lassen.
9. Den Backofen vorheizen und ein feuerfestes Gefäß in den Backofen stellen.
10. Eiswürfel oder Wasser in das feuerfeste Gefäß im Backofen geben. Vorsicht: Verbrennungsgefahr!
11. Wenn sich an der Oberfläche des Brotes leichte Risse gebildet haben, mit einem Teigpinsel die Mitte der einzelnen Brote dick mit Wasser bestreichen, mit Meersalz und Bio-Kümmel bestreuen und in die mittlere Schiene des Backofens schieben.
12. Sobald das Brot im Backofen ist, kann man die Hitze auf 180 °C reduzieren.
13. Das Brot muss sich nach der Backzeit beim Klopfen an der Unterseite „hohl" anhören, dann ist es gut durchgebacken.
14. Auf einem Küchenrost gut auskühlen lassen.

Bio-Kartoffel-Rosmarin-Brot

Knetzeit:
8 Minuten langsam
2 Minuten etwas intensiver
GESAMT 10 Minuten

Teigruhe nach dem Kneten:
30 Minuten

Gehzeit nach dem Aufarbeiten:
ca. 30 Minuten

Backzeit:
50–55 Minuten bei 250 °C fallend auf 185 °C

Zutaten für 1 Brot mit einem Ausbackgewicht von ca. 1000 g

370 g	Wasser (32 °C)	23 g	Backprofis Bio-Roggenvollkornsauerteig
1 Pkg.	Trockenhefe oder ½ Würfel frische Hefe	9 g	Bio-Rosmarin (fein gehackt)
290 g	Bio-Roggenmehl Type 960	115 g	Bio-Kartoffeln
300 g	Bio-Dinkelmehl Type 700 glatt		Bio-Olivenöl zum Bestreichen, Bio-Rosmarin und Meersalz (grob) zum Bestreuen
14 g	Salz		
10 g	Backprofis Bio-Gerstenmalzmehl		

Zubereitung

1. Bio-Kartoffeln kochen, schälen und mit einer Gabel leicht zerdrücken, auskühlen lassen.
2. Wasser temperieren, abmessen bzw. abwiegen und die Hefe darin mit einem Schneebesen auflösen.
3. Die restlichen Zutaten einwiegen und alle Zutaten mit einem Kochlöffel kurz durchmischen.
4. Teig wie in der Anleitung beschrieben kneten.
5. Anschließend Teig auf eine leicht bemehlte Arbeitsfläche geben und zugedeckt 30 Minuten rasten lassen.
6. Mit einem feinen Sieb einen länglichen Gärkorb (1000 g) mit Bio-Roggenmehl Type 960 bestauben.
7. Brotteig nach der Teigruhe rund formen (wirken). Anschließend zu einem Wecken formen.
8. Mit dem Schluss nach oben in den gestaubten Gärkorb legen.
9. Brot mit einem Tuch abdecken und bei Raumtemperatur ca. 30 Minuten gehen lassen.
10. Den Backofen vorheizen und ein feuerfestes Gefäß in den Backofen stellen.
11. Das Brot nach der Gehzeit auf ein Backblech stürzen.
12. Das Brot in der Mitte mit Bio-Olivenöl bestreichen, mit Bio-Rosmarin und Meersalz bestreuen.
13. Eiswürfel oder Wasser in das feuerfeste Gefäß im Backofen geben. Vorsicht: Verbrennungsgefahr!
14. Brot in die mittlere Schiene des Backofens schieben.
15. Sobald das Brot im Backofen ist, kann man die Hitze auf 185 °C reduzieren.
16. Das Brot muss sich nach der Backzeit beim Klopfen an der Unterseite „hohl" anhören, dann ist es gut durchgebacken.
17. Auf einem Küchenrost gut auskühlen lassen.

Bio-Haselnuss-Brotmuffins

Knetzeit:
8 Minuten langsam
2 Minuten etwas intensiver
GESAMT 10 Minuten

Teigruhe nach dem Kneten:
30 Minuten

Gehzeit nach dem Aufarbeiten:
ca. 30 Minuten

Backzeit:
25–30 Minuten bei 240 °C fallend auf 185 °C

Zutaten für ca. 12 Stück mit einem Ausbackgewicht von ca. 100 g/Stück

480 g	Wasser (32 °C)	34 g	Backprofis Bio-Roggenvollkornsauerteig
1 Pkg.	Trockenhefe oder ½ Würfel frische Hefe	85 g	Bio-Haselnüsse (mittelfein gehackt)
490 g	Bio-Roggenmehl Type 960	40 g	Bio-Honig
120 g	Bio-Weizenmehl Type 480 Universal oder Type 1600		Haselnüsse (fein gehackt) zum Wälzen
12 g	Salz		
6 g	Backprofis Bio-Gerstenmalzmehl		

Zubereitung

1. Wasser temperieren, abmessen bzw. abwiegen und die Hefe darin mit einem Schneebesen auflösen.
2. Die restlichen Zutaten einwiegen und alle Zutaten mit einem Kochlöffel kurz durchmischen.
3. Teig wie in der Anleitung beschrieben kneten.
4. Anschließend Teig auf eine leicht bemehlte Arbeitsfläche geben und zugedeckt 30 Minuten rasten lassen.
5. Kleine Muffins- oder Alubackformen mit Papier auslegen.
6. Nach der Teigruhe Teigstücke zu je 120 g auswiegen, rund formen, befeuchten, nach Belieben in fein gehackten Haselnüssen wälzen oder mit Bio-Roggenmehl Type 960 stauben und in die Backformen geben.
7. Brotmuffins mit einem Tuch abdecken und bei Raumtemperatur ca. 30 Minuten gehen lassen.
8. Den Backofen vorheizen und ein feuerfestes Gefäß in den Backofen stellen.
9. Eiswürfel oder Wasser in das feuerfeste Gefäß im Backofen geben. Vorsicht: Verbrennungsgefahr!
10. Wenn sich an der Oberfläche der Muffins leichte Risse gebildet haben, in die mittlere Schiene des Backofens schieben.
11. Sobald die Muffins im Backofen sind, kann man die Hitze auf 185 °C reduzieren.
12. 10 Minuten vor Backende die Muffins aus der Form stürzen und ohne Form fertig backen.
13. Die Muffins müssen sich nach der Backzeit beim Klopfen an der Unterseite „hohl" anhören, dann sind sie gut durchgebacken.
14. Auf einem Küchenrost gut auskühlen lassen.

Kapitel 4 *(Spezialbrote)*

Bio-Apfelbrot

Knetzeit:
8 Minuten langsam
2 Minuten etwas intensiver
1 Minute Bio-Äpfel
langsam unterheben
GESAMT 11 Minuten

Teigruhe nach dem Kneten:
30 Minuten

Gehzeit nach dem Aufarbeiten:
ca. 30 Minuten

Backzeit:
45–50 Minuten bei 240 °C fallend auf 185 °C

Zutaten für 1 Brot mit einem Ausbackgewicht von ca. 1000 g

185 g	Bio-Äpfel	4 g	Backprofis Bio-Gerstenmalzmehl
360 g	Wasser (32 °C)		
1 Pkg.	Trockenhefe oder ½ Würfel frische Hefe	22 g	Backprofis Bio-Roggenvollkornsauerteig
280 g	Bio-Roggenmehl Type 960	2 g	Bio-Zimt (gemahlen)
185 g	Bio-Weizenmehl Type 480 Universal oder Type 1600	33 g	Bio-Honig
		33 g	Bio-Zucker (Rohrzucker)
8 g	Salz	4 g	Lebkuchengewürz

Zubereitung

1. Bio-Äpfel schälen und dünsten. Gut auskühlen lassen und in grobe Scheiben schneiden.
2. Wasser temperieren, abmessen bzw. abwiegen und die Hefe darin mit einem Schneebesen auflösen.
3. Die restlichen Zutaten einwiegen und alle Zutaten (außer Bio-Äpfel) mit einem Kochlöffel kurz durchmischen.
4. Teig wie in der Anleitung beschrieben kneten.
5. Am Ende des Knetvorgangs die Bio-Äpfel langsam unterheben.
6. Anschließend Teig auf eine leicht bemehlte Arbeitsfläche geben und zugedeckt 30 Minuten rasten lassen.
7. Brotteig nach der Teigruhe rund formen (wirken). Anschließend zu einem Wecken formen.
8. Mit dem Schluss nach unten in eine mit Backpapier ausgelegte Kastenform legen.
9. Oberfläche mit einem feinen Sieb gut mit Bio-Roggenmehl Type 960 stauben.
10. Brot mit einem Tuch abdecken und bei Raumtemperatur ca. 30 Minuten gehen lassen.
11. Den Backofen vorheizen und ein feuerfestes Gefäß in den Backofen stellen.
12. Eiswürfel oder Wasser in das feuerfeste Gefäß im Backofen geben. Vorsicht: Verbrennungsgefahr!
13. Wenn sich an der Oberfläche des Kastenbrotes leichte Risse gebildet haben, in die mittlere Schiene des Backofens schieben.
14. Sobald das Brot im Backofen ist, kann man die Hitze auf 185 °C reduzieren.
15. 10 Minuten vor Backende das Brot aus der Kastenform stürzen und ohne Form fertig backen.
16. Das Brot muss sich nach der Backzeit beim Klopfen an der Unterseite „hohl" anhören, dann ist es gut durchgebacken.
17. Auf einem Küchenrost gut auskühlen lassen.

Kapitel 4 *(Spezialbrote)*

Bio-Steckerlbrot

Knetzeit:
8 Minuten langsam
2 Minuten etwas intensiver
GESAMT 10 Minuten

**Teigruhe
nach dem Kneten:**
20 Minuten

**Gehzeit
nach dem Aufarbeiten:**
ca. 20 Minuten

Backzeit:
je nach Hitze am Grill,
ca. 8–12 Minuten bei
mehrmaligem Wenden

Zutaten für ca. 12–14 Spieße mit einem Ausbackgewicht von ca. 100 g/Stück

465 g	Wasser (32 °C)	6 g	Backprofis Bio-Gerstenmalzmehl
1 Pkg.	Trockenhefe oder ½ Würfel frische Hefe	33 g	Backprofis Bio-Roggenvollkornsauerteig
415 g	Bio-Roggenmehl Type 960	120 g	Speck- oder Käse-Würfel (wahlweise)
180 g	Bio-Weizenmehl Type 480 Universal oder Type 1600		
12 g	Salz		

Zubereitung

1. Wasser temperieren, abmessen bzw. abwiegen und die Hefe darin mit einem Schneebesen auflösen.
2. Die restlichen Zutaten einwiegen und alle Zutaten (außer Speck- oder Käse-Würfel) mit einem Kochlöffel kurz durchmischen.
3. Teig wie in der Anleitung beschrieben kneten.
4. Auf Wunsch Speck- oder Käse-Würfel am Ende des Knetvorgangs langsam unterheben.
5. Anschließend Teig auf eine leicht bemehlte Arbeitsfläche geben und zugedeckt 20 Minuten rasten lassen.
6. Nach der Teigruhe Teigstücke zu je 120 g auswiegen, rund formen, langrollen und mit einem Spieß in der Mitte durchstechen.
7. Mit einem Tuch abdecken und bei Raumtemperatur ca. 20 Minuten gehen lassen.
8. Den Griller für direktes Grillen vorbereiten.
9. Wenn sich an der Oberfläche der Brotspieße leichte Risse gebildet haben, direkt auf den Rost am Grill legen.
10. Nach 2–3 Minuten wenden und von allen Seiten gut grillen.
11. Die Brotspieße müssen sich nach der Backzeit beim Klopfen „hohl" anhören, dann sind sie gut durchgebacken.
12. Kurz auskühlen lassen und lauwarm servieren.

Gegrilltes Bio-Brot

Knetzeit:
8 Minuten langsam
2 Minuten etwas intensiver
GESAMT 10 Minuten

Teigruhe nach dem Kneten:
30 Minuten

Gehzeit nach dem Aufarbeiten:
ca. 30 Minuten

Backzeit:
45–50 Minuten bei 270 °C
fallend auf 180 °C

Tipp

Am besten eignet sich zum Backen von Brot ein Kugelgrill, weil die zirkulierende Wärmeentwicklung im Kugelgrill einem Backofen ähnelt. Am einfachsten ist die Regulierung der Temperatur und auch die Einstellung auf indirektes Grillen bei einem Gasgrill.
Aber auch mit einem Holzkohle-Kugelgrill mit einem im Deckel integrierten Thermometer können Sie Brot backen. Für indirektes Grillen wird die Glut nur auf einem Drittel des Kohlerosts verteilt und das Brot nicht direkt über der Glut platziert.

Zutaten für 1 Brot mit einem Ausbackgewicht von ca. 1000 g

465 g	Wasser (32 °C)	6 g	Backprofis Bio-Gerstenmalzmehl
1 Pkg.	Trockenhefe oder ½ Würfel frische Hefe	33 g	Backprofis Bio-Roggenvollkornsauerteig
415 g	Bio-Roggenmehl Type 960		Kräuter aus dem Garten (z. B. Thymian, Basilikum, Rosmarin)
180 g	Bio-Weizenmehl Type 480 Universal oder Type 1600		
12 g	Salz		

Zubereitung

1. Wasser temperieren, abmessen bzw. abwiegen und die Hefe darin mit einem Schneebesen auflösen.
2. Die restlichen Zutaten einwiegen und alle Zutaten mit einem Kochlöffel kurz durchmischen.
3. Teig wie in der Anleitung beschrieben kneten.
4. Anschließend Teig auf eine leicht bemehlte Arbeitsfläche geben und zugedeckt 30 Minuten rasten lassen.
5. Mit einem feinen Sieb einen runden Gärkorb (1000 g) mit Bio-Roggenmehl Type 960 bestauben.
6. Brotteig nach der Teigruhe rund formen (wirken).
7. Mit dem Schluss nach oben in den gestaubten Gärkorb legen.
8. Brot mit einem Tuch abdecken und bei Raumtemperatur ca. 30 Minuten gehen lassen.
9. Den Grill auf 270 °C vorheizen (Grillfunktion: indirekte Hitze), eine Alutasse auf den Rost stellen.
10. Einen Pizza- oder Backstein auf den Rost stellen (in den indirekt beheizten Bereich).
11. Eiswürfel oder Wasser in die Alutasse schütten. Vorsicht: Verbrennungsgefahr!
12. Brot direkt auf den Pizza- oder Backstein stürzen.
13. Deckel des Kugelgrills schließen, die Temperatur auf 180 °C reduzieren und das Brot im Grill 45–50 Minuten backen.
14. Das Brot muss sich nach der Backzeit beim Klopfen an der Unterseite „hohl" anhören, dann ist es gut durchgebacken.
15. Auf einem Küchenrost gut auskühlen lassen.

Bio-Krenbrot

Knetzeit:
8 Minuten langsam
2 Minuten etwas intensiver
1 Minute Kren unterheben
GESAMT 11 Minuten

Teigruhe nach dem Kneten:
30 Minuten

Gehzeit nach dem Aufarbeiten:
ca. 30 Minuten

Backzeit:
50–55 Minuten bei 250 °C
fallend auf 185 °C

Zutaten für 1 Brot mit einem Ausbackgewicht von ca. 1000 g

100 g	Kren	12 g	Salz
455 g	Wasser (32 °C)	6 g	Backprofis Bio-Gerstenmalzmehl
1 Pkg.	Trockenhefe oder ½ Würfel frische Hefe	32 g	Backprofis Bio-Roggenvollkornsauerteig
395 g	Bio-Roggenmehl Type 960		
170 g	Bio-Weizenmehl Type 480 Universal oder Type 1600		

Zubereitung

1. Kren frisch hobeln bzw. reiben und in einer Schüssel bereitstellen.
2. Wasser temperieren, abmessen bzw. abwiegen und die Hefe darin mit einem Schneebesen auflösen.
3. Die restlichen Zutaten einwiegen und alle Zutaten (außer Kren) mit einem Kochlöffel kurz durchmischen.
4. Teig wie in der Anleitung beschrieben kneten.
5. Am Ende des Knetvorgangs den Kren langsam unterheben.
6. Anschließend Teig auf eine leicht bemehlte Arbeitsfläche geben und zugedeckt 30 Minuten rasten lassen.
7. Mit einem feinen Sieb einen runden Gärkorb (1000 g) mit Bio-Roggenmehl Type 960 bestauben.
8. Brotteig nach der Teigruhe rund formen (wirken).
9. Mit dem Schluss nach oben in den gestaubten Gärkorb legen.
10. Brot mit einem Tuch abdecken und bei Raumtemperatur ca. 30 Minuten gehen lassen.
11. Den Backofen vorheizen und ein feuerfestes Gefäß in den Backofen stellen.
12. Das Brot nach der Gehzeit auf ein Backblech stürzen.
13. Eiswürfel oder Wasser in das feuerfeste Gefäß im Backofen geben. Vorsicht: Verbrennungsgefahr!
14. Wenn sich an der Oberfläche des Brotes leichte Risse gebildet haben, in die mittlere Schiene des Backofens schieben.
15. Sobald das Brot im Backofen ist, kann man die Hitze auf 185 °C reduzieren.
16. Das Brot muss sich nach der Backzeit beim Klopfen an der Unterseite „hohl" anhören, dann ist es gut durchgebacken.
17. Auf einem Küchenrost gut auskühlen lassen.

Aus unserem Programm

ISBN 978-3-7020-1681-4
CHRISTIAN OFNER
PIKANTES GEBÄCK VOM OFNER
Zwiebelbaguette, Oliven-Grissini, Speckweckerln, Zupfbrot & Co.
2. Auflage, 144 Seiten, durchg. farbig bebildert, Großformat, Hc.

Herzhafte Brote, variantenreiche Baguettes, Gebäckspezialitäten für jeden Anlass, Kleingebäck mit dem gewissen Etwas, Pizza, Ciabatta, Monhnbagels, Kernölweckerln, selbst gebackene Burgerbrötchen – einfach nachzubackende, gelingsichere Rezepte!

ISBN 978-3-7020-1539-8
CHRISTIAN OFNER
FEINGEBÄCK VOM OFNER
Süße Gebäckspezialitäten aus Österreich
2. Auflage, 144 Seiten, durchgehend farbig bebildert, Hc.

Krapfen, Osterbrot, Mohnpotize, Weihnachtsstollen & Co: Bäuerliches Brauchtumsgebäck und traditionelle süße Backwaren aus Österreich können mit Christian Ofners hilfreichen Schritt-für-Schritt-Bildern sowie vielen Anleitungsvideos (per QR-Code abzurufen) ganz leicht selbst gemacht werden.

ISBN 978-3-7020-1364-6
CHRISTIAN OFNER
KLEINGEBÄCK VOM OFNER
Vom Salzstangerl übers Bio-Weckerl bis zu selbst gebackenen Geschenksideen
5. Auflage, 144 Seiten, durchgehend farbig bebildert, Hc.

Backprofi Christian Ofner aus der TV-Sendung „Frisch gekocht" präsentiert seine besten Rezepte für Kleingebäck. Die nötigen Grundkenntnisse werden in Schritt-für-Schritt-Bildern vermittelt, die Rezepte beinhalten neben den bekannten Sorten wie Handsemmel, Laugenstange, Briochekipferl auch viele kreative neue Ideen.

LEOPOLD STOCKER VERLAG
www.stocker-verlag.com
Graz – Stuttgart